A Tutela Jurídica dos Direitos de Personalidade nas Doenças Ocupacionais

Neide Akiko Fugivala Pedroso

*Mestre em Ciências Jurídicas pela Universidade de Lisboa – Faculdade de Direito.
Juíza Federal do Trabalho titular da 3ª Vara do Trabalho de Londrina-PR.
Especialista em Direito do Trabalho, Direito Constitucional e
Direito Civil pela Universidade Clássica de Lisboa.
Especialista em Economia do Trabalho pela UNICAMP
(Universidade Estadual de Campinas).
Pós-graduada em Direito Constitucional Contemporâneo
pelo IDCC – Instituto de Direito Constitucional e Cidadania.*

A Tutela Jurídica dos Direitos de Personalidade nas Doenças Ocupacionais

LTr®

EDITORA LTDA.
© Todos os direitos reservados

Rua Jaguaribe, 571
CEP 01224-001
São Paulo, SP – Brasil
Fone: (11) 2167-1101
www.ltr.com.br

LTr 4768.8
Maio, 2013

Dados Internacionais de Catalogação na Publicação (CIP)
(Câmara Brasileira do Livro, SP, Brasil)

Pedroso, Neide Akiko Fugivala
   A tutela jurídica dos direitos de personalidade nas doenças ocupacionais / Neide Akiko Fugivala Pedroso. — São Paulo : LTr, 2013.

Bibliografia.
ISBN 978-85-361-2544-2

   1. Ambiente de trabalho 2. Danos (Direito civil) 3. Direito do Trabalho — Brasil 4. Doenças ocupacionais 5. Personalidade (Direito) 6. Relações de trabalho 7. Trabalhadores — Saúde I. Título

13-02501   CDU-347.152:331(81)

Índice para catálogo sistemático:

   1. Brasil : Doenças ocupacionais : Tutela jurídica dos direitos da personalidade : Direito do Trabalho   347.152:331(81)

Agradecimentos

*A Deus, pela fonte inesgotável de inspiração.
À Família, pelo amparo moral e ético de todas as ações.
Aos Amigos, pela indulgência que sempre tiveram
no caminho interminável do aprendizado.*

Sumário

Abreviaturas e Outras Indicações de Leitura 9

Apresentação 17

Capítulo 1 — Introdução 21

Capítulo 2 — Dados Históricos e Conceituais Relevantes na Definição de Doenças Relacionadas ao Trabalho 26
2.1. Evolução histórica 26
2.2. A evolução na ordem jurídica europeia 27
2.3. A evolução na ordem jurídica brasileira 33

Capítulo 3 — Principais Danos Causados por Doenças Ocupacionais 37
3.1. Lesões por Esforço Repetitivo (LER)/Distúrbios Osteomusculares Relacionados ao Trabalho (Dort) 37
3.2. Doenças do ouvido relacionadas ao trabalho 50
3.3. Distúrbios mentais relacionados ao trabalho 57
3.4. Doenças do sistema respiratório relacionadas ao trabalho 63
    3.4.1. Exposição ao asbesto ou amianto 63
    3.4.2. Exposição à sílica 69

Capítulo 4 — Das Tutelas Jurídicas do Trabalhador Afetado por Doença Ocupacional 76
4.1. Noções gerais 76
4.2. A tutela constitucional e supranacional 79
4.3. A tutela infraconstitucional 82
    4.3.1. Da responsabilidade civil 82
        4.3.1.1. Lineamentos históricos 82
        4.3.1.2. Princípios norteadores 87
        4.3.1.3. O dano como pressuposto da reparação 89
    4.3.2. Dos direitos de personalidade 92
        4.3.2.1. Da origem histórica e conceitual 92

4.3.2.2. Dos direitos de personalidade afetados na ocorrência das
doenças ocupacionais 94
 4.3.2.2.1. Do direito objetivo e subjetivo à vida 94
 4.3.2.2.2. Do direito à integridade física e moral 96
 4.3.2.2.3. Do direito à proteção aos dados relativos à saúde 99
4.3.2.3. Dados doutrinários relevantes 109
4.3.2.4. A concretização na jurisprudência 114

Capítulo 5 — Tendências e Perspectivas da Reparação dos Danos Causados por Doenças Ocupacionais 124
5.1. Análise crítica do regime jurídico atual 124
5.2. Cumulatividade da indenização acidentária com a indenização decorrente da responsabilidade civil do direito comum 130
5.3. Responsabilidade social como pilar de modernidade no sistema de reparação de danos por doenças ocupacionais 134

Conclusões 139

Referências Bibliográficas 143

Anexos 149

Abreviaturas e Outras Indicações de Leitura

ABBR..........: Associação Brasileira Beneficente de Reabilitação, entidade privada instituída em 5.8.1954 para proporcionar atendimento médico diferenciado aos deficientes físicos <www.abbr.org.br>

Abrea..........: Associação Brasileira dos Expostos ao Amianto, instituída em 1995 <www.abrea.org.br>

Ac..............: Acórdão

ACGIH........: *American Conference of Governmental Industrial Hygienists*: Organização norte-americana fundada nos anos 1930 com o objetivo de auxiliar a educação básica, voltada para o bem-estar do trabalhador; investir no desenvolvimento e na disseminação do conhecimento técnico para o progresso da saúde <www.acgih.org>

Aids/Sida ....: Síndrome da Imunodeficiência Adquirida

AIRC..........: *International Agency for Research on Cancer*

AMA ....: *American Medical Association* (Associação Médica Americana): organismo governamental norte-americano responsável pelo estabelecimento de padrões para a prática, a ética e a educação na área médica dos Estados Unidos <www.ama.assn.org>

AR..............: Assembleia da República

BFDL ....: Biblioteca da Faculdade de Direito de Lisboa

BIT..............: *Bureau International du Travail*

BMJ..............: Boletim do Ministério da Justiça

CAT ....: Comunicação de Acidente de Trabalho: notificação obrigatória efetuada junto ao INSS, com o objetivo de registrar os acidentes de trabalho e as doenças ocupacionais dos trabalhadores submetidos ao regime celetista, com ou sem afastamento do trabalho <www.mpas.gov.br>

CBO..............: Classificação Brasileira de Ocupações: publicação oficial do Ministério do Trabalho e Emprego, regulamentado pela Portaria/MTb n. 1.334/1994, de 21 de dezembro, com a finalidade de uniformizar os títulos e codificar as ocupações brasileiras, para fins de pesquisa sobre o mercado de trabalho e a estrutura ocupacional. É adotada nas atividades de registro, inscrição, colocação e outras desenvolvidas pelo Sistema Nacional de Emprego (Sine), na Relação Anual de Informações Sociais (Rais) e nas relações dos empregados admitidos e desligados (Caged). Para a publicação, foi adotada a Classificação da Organização Internacional do Trabalho (OIT) <www.mte.gov.br>

CCB............: Código Civil Brasileiro

CCP............: Código Civil Português

CE...............: Comunidade Europeia

CEE............: Comunidade Econômica Europeia

Cenepi........: Centro Nacional de Epidemiologia: órgão da Funasa (Fundação Nacional de Saúde) respaldado pelo Decreto/MS n. 3.450/2000, de 10 de maio, emitido pelo Ministério da Saúde, com atribuição de planejar, coordenar e supervisionar a execução das atividades relativas à gestão do Sistema Nacional de Vigilância Epidemiológica e Ambiental em Saúde, que compreende, entre outras ações, a disseminação do uso da metodologia epidemiológica no SUS, para subsidiar a formulação, a implementação e a avaliação das ações de prevenção e controle de doenças e outros agravos à saúde

CESS...........: Código Europeu de Segurança Social

CID-10........: Classificação Estatística Internacional de Doenças e Problemas Relacionados à Saúde — 10ª revisão: publicação desenvolvida pela OMS, com o fim de obter informações estatísticas sobre doenças e causas de óbitos, principalmente para atender às necessidades dos serviços de Saúde Pública, visando ainda à unificação da nomenclatura médica <www.who.int>

Cipa............: Comissão Interna de Prevenção de Acidentes

CJ................: Coletânea de Jurisprudência

CLT.............: Consolidação das Leis do Trabalho do Brasil, aprovada pelo Decreto--lei n. 5.452, de 1º de maio de 1943

CNAE.........: Classificação Nacional de Atividades Econômicas

CNPCRP.....: Centro Nacional de Protecção Contra os Riscos Profissionais

CNPD..........: Comissão Nacional de Protecção de Dados <www.cnpd.pt/actos>

CPC............: Código de Processo Civil

CPB............: Código Penal Brasileiro

CPP............: Código Penal Português

CRFB..........: Constituição da República Federativa do Brasil, promulgada em 5 de outubro de 1988

CRP ....: Constituição da República Portuguesa, de 2 de abril de 1975

CRST ....: Centros de Referência de Saúde do Trabalhador: têm por finalidade a promoção, a proteção e o atendimento à saúde dos trabalhadores. Incluem centros, programas, núcleos e serviços no âmbito do sistema de saúde <www.saude.gov.br/programas/trabalhador/trab.htm>

CT ....: Código do Trabalho português, aprovado pela Lei n. 99/2003, de 27 de agosto

CTD ....: *Cumulative Trauma Disorders*

Dataprev .....: Empresa de Tecnologia e Informação Processamento de Dados da Previdência Social, Decreto n. 7.151, criada em 4.11.1974, através da Lei n. 6.125, oriunda da fusão dos Centros de Processamento de dados do Instituto Nacional de Previdência Social (INPS) e do Instituto de Pensões e Aposentados dos Servidores do Estado (Ipase), é pública e tem, entre outras atribuições, a responsabilidade de informatizar os diversos órgãos previdênciários, processar benefícios e a CAT. Posteriormente a sua razão social foi alterada para Empresa de Tecnologia e Informações da Previdência Social <www.dataprev.gob.br>

Datasus ....: Departamento de Informática do SUS (Sistema Único de Saúde): órgão do Ministério da Saúde, com incumbência de coletar, processar, disseminar informações sobre saúde e prover os órgãos do SUS de sistemas de informação e suporte de informática necessários ao processo de planejamento, operação e controle, por meio de manutenção de base de dados nacionais, do apoio e da consultoria na implantação de sistemas e coordenação de atividades de informática inerentes ao seu funcionamento integrado <www.datasus.gov.br>

DL ....: Decreto-lei

Dort ....: Distúrbios Osteomusculares Relacionados ao Trabalho

DPOC ....: Doença Pulmonar Obstrutiva Crônica

DRTE ....: Delegacia Regional do Trabalho e Emprego: órgão do Ministério do Trabalho e Emprego para execução das atividades relacionadas à segurança e à medicina do trabalho, nos limites de sua jurisdição, inclusive da Campanha Nacional de Prevenção de Acidentes do Trabalho (Canpat), do Programa de Alimentação do Trabalhador (PAT) e da fiscalização do cumprimento dos preceitos legais e regulamentares nas áreas de sua alçada <www.mte.gov.br>

EPI ....: Equipamento de Proteção Individual: todo dispositivo ou produto, de uso individual utilizado pelo trabalhador, destinado à proteção de riscos suscetíveis de ameaçar a segurança e a saúde no trabalho, conforme NR-6 da Portaria MTb n. 3.214/78, com o texto dado pela Portaria SIT n. 25, de 15 de outubro de 2001

ETE............: *Estatuto de los Trabajadores* da Espanha

FAT.............: Fundo de Amparo ao Trabalhador: instituído pela Lei n. 7.998, de 11.1.1990, na ordem jurídica brasileira e Fundo de Acidentes do Trabalho: fundo previsto no art. 39 da LAT, aprovado pelo Decreto-lei n. 142/1999, de 29 de Julho, substituindo o Fundap (Fundo de Actualização de Pensões de Acidentes de Trabalho), previsto na Base XLV da Lei n. 2.127/1965, de 3 de agosto, na ordem jurídica portuguesa

Funasa........: Fundação Nacional de Saúde é um órgão executivo do Ministério da Saúde responsável pela promoção da inclusão social por meio de ações de saneamento para prevenção e controle de doenças, pela formulação e implementação de ações de proteção à saúde relacionadas com as ações estabelecidas pelo Subsistema Nacional de Vigilância em Saúde Ambiental <www.funasa.gov.br>

Fundacentro: Fundação Jorge Duprat Figueiredo de Segurança e Medicina do Trabalho, criada oficialmente em 1966, colaboradora da Organização Mundial de Saúde (OMS) e da Organização Internacional do Trabalho (OIT), vinculada ao Ministério do Trabalho e do Emprego (MTE), atua no desenvolvimento de pesquisas em segurança e saúde no trabalho, na difusão do conhecimento, por meio de cursos, congressos, seminários, palestras, publicações periódicas científicas e informativas, além da prestação de serviços à comunidade e da assessoria técnica a órgãos públicos, empresariais e de trabalhadores <www.fundacentro.gov.br>

HIV.............: *Human Immunodeficiency Virus* (Vírus de Imunodeficiência Humana): pertencente ao gênero *Lentivirus*, separável em dois sorotipos (HIV-1 e HIV-2), que é o agente etiológico da Síndrome da Imunodeficiência Adquirida (Aids/Sida) <www.saude.gov.br>

IBGE...........: Instituto Brasileiro de Geografia e Estatística

IDICT.........: Instituto de Desenvolvimento e Inspeção das Condições de Trabalho

INSS...........: Instituto Nacional de Seguridade Social: autarquia federal, vinculada ao Ministério da Previdência e Assistência Social, que ainda detém o monopólio do seguro de acidente do trabalho no Brasil

ISHST.........: Instituto de Segurança, Higiene e Saúde no Trabalho no Brasil

ISO.............: *International Organization for Standardization* (Organização Internacional para a Normalização): sediada na Suiça e composta de 91 países-membros, com a finalidade desenvolver e promover normas e padrões mundiais que traduzam o consenso dos diferentes países do mundo de forma a facilitar o comércio internacional <www.iso.ch>

LAT.............: Regime Jurídico dos Acidentes de Trabalho em Portugal, aprovado pela Lei n. 100/97, de 13 de setembro

LCT ....: Regime Jurídico do Contrato de Trabalho em Portugal, aprovado pelo Decreto-lei n. 49.408/1969, de 24 de novembro

LER ....: Lesão por Esforço Repetitivo

LPDP ....: Lei de Protecção de Dados Pessoais, aprovada pela Lei n. 67/1998, de 26 de outubro, em Portugal

LS ....: Regime Jurídico das Associações Sindicais em Portugal

LT ....: Limites de Tolerância: caracterizados na NR-15, referem-se às concentrações ou às intensidades máximas, relacionadas com a natureza e o tempo de exposição do trabalhador aos agentes físicos ou químicos, que se supõe não causarão dano à saúde durante sua vida laboral <www.mte.gov.br>

MPS ....: Ministério da Previdência Social do Brasil

MTb ....: Ministério do Trabalho do Brasil (atual Ministério do Trabalho e Emprego)

MTE ....:Ministério do Trabalho e Emprego do Brasil <www.mte.gov.br>

MS ....: Ministério da Saúde do Brasil <www.saude.gov.br>

NIOSH ....: *National Institute for Occupational Safety and Health*: agência federal norte-americana responsável pela condução de pesquisas para prevenção de doenças e danos relacionados ao trabalho <www.cdc.gov/niosh>

NR ....: Norma Regulamentadora

Nusat ....: Núcleo de Referência em Doenças Ocupacionais da Previdência Social de Minas Gerais <www.mpas.gov.br>

OCD ....: *Occupational Cervobrachial Diseases*

OIT ....: Organização Internacional do Trabalho

OOS ....: *Occupational Overuse Syndrome*

OSHA..........: *Occupational Safety and Health Administration*, organização governamental americana criada em 1970, com o objetivo de prevenir mortes, doenças e danos relacionados ao trabalho <www.osha.gov>

OS/INSS......: Ordem de Serviço editada pelo Instituto Nacional do Seguro Social

Pair ....: Perda Auditiva Induzida pelo Ruído

PCMSO ....: Programa de Controle Médico de Saúde Ocupacional: instituído pela NR-7 aprovada pela Portaria/MTb n. 3.214, de 8.6.1978 <www.mte.gov.br>

PEA ....: População Economicamente Ativa: índice de pesquisa estatística do IBGE, estabelecido a partir de dados de pessoas de 10 a 65 anos de

	idade que foram classificadas como ocupadas ou desocupadas na semana de referência da pesquisa <www.ibge.gov.br>
Port............:	Portaria
PPRA...........:	Programa de Prevenção de Riscos Ambientais: instituído pela NR-9 aprovado pela Portaria/MTb n. 3.214, de 8.6.1978 <www.mte.gov.br>
Rais.............:	Relação Anual de Informações Sociais: criada em 1975 pelo Ministério do Trabalho, com finalidade administrativa, é um registro de âmbito nacional, com periodicidade anual, obrigatório para todos os estabelecimentos, cujo principal objetivo é suprir as entidades públicas e sociedades civis de informações estatísticas, de dados econômicos e sociais
RC	:Tribunal da Relação de Coimbra em Portugal
REv ....:	Tribunal da Relação de Évora em Portugal
RLx ....:	Tribunal da Relação de Lisboa em Portugal
RP ....:	Tribunal da Relação do Porto em Portugal
RSI..............:	*Repetitive Strain Injury*
SAT ....:	Seguro de Acidente de Trabalho do Ministério da Previdência e Assistência Social: contribuição empresarial para cobertura dos benefícios concedidos em razão do grau de incidência da incapacidade laborativa, decorrente dos riscos ambientais do trabalho. Possui alíquota variável em função do grau do risco dos ambientes de trabalho (leve, médio ou grave), conforme tabela constante do Anexo 5 do Decreto n. 3.048, de 6.5.1999
SDI..............:	Seção de Dissídios Individuais: órgão do Tribunal Superior do Trabalho (Brasil)
Siab.............:	Sistema de Informações de Atenção Básica: criado pelo Datasus em conjunto com a Coordenação de Saúde da Comunidade (Cosac/SAS), com a função de subsidiar municípios, estados e o Ministério da Saúde com informações fundamentais para o planejamento, o acompanhamento e a avalialiação das ações desenvolvidas pelos agentes comunitários de saúde e pelas equipes de Saúde da Família. É um sistema informatizado para os programas Pacs e PSF, que busca agilizar a consolidação dos dados coletados, assim como as decisões das ações de saúde emergenciais a serem tomadas <www.datasus.gov.br>
SIA/SUS ......:	Sistema de Informações Ambulatoriais do SUS <www.datasus.gov.br>
SIH/SUS ......:	Sistema de Informações Hospitalares do SUS <www.datasus.gov.br>
SIM ....:	Sistema de Informações de Mortalidade: desenvolvido pelo Ministério da Saúde, o sistema fornece aos gestores de saúde, pesquisadores e

entidades da sociedade informações para definir as prioridades nos programas de prevenção e controle de doenças, a partir das declarações de óbito coletadas pelas Secretarias Estaduais de Saúde. A base de dados nacional do SIM é administrada pelo Cenepi, em cooperação com o Datasus. A operacionalização do sistema é composta de preenchimento e coleta do documento padrão, a declaração de óbito, que é o documento de entrada do sistema nos estados e municípios

STJ............: Supremo Tribunal de Justiça: órgão superior da hierarquia dos tribunais judiciais de Portugal <www.stj.pt>

STJ............: Superior Tribunal de Justiça: um dos órgãos máximos do Poder Judiciário do Brasil. Sua função primordial é zelar pela uniformidade de interpretações da legislação federal brasileira. Também é chamado de "Tribunal da Cidadania", por sua origem na "Constituição Cidadã" de 1988 <www.stj.jus.br>

SUS............: Sistema Único de Saúde: instituído pela Constituição Federal de 1988, constitui o conjunto de ações e serviços de saúde prestados por órgãos e instituições públicas federais, estaduais e municipais, da administração direta e indireta e das fundações mantidas pelo poder público no Brasil. A ele compete, entre outras atribuições, executar as ações de vigilância sanitária e epidemiológica, bem como as de saúde do trabalhador; colaborar na proteção do meio ambiente, nele compreendido o ambiente de trabalho, e participar da formulação da política e da execução das ações de saneamento básico (CRFB, arts. 198, *caput* e 200, II, IV e VIII) <www.saude.gov.br>

TC..............: Tribunal Constitucional: tribunal ao qual compete especificamente administrar a justiça em matérias de natureza jurídico-constitucional em Portugal (CRP, art. 221)

TNI............: Tabela Nacional de Incapacidades em Portugal: consta do Decreto-lei n. 341/1993, de 30 de setembro

TST............: Tribunal Superior do Trabalho, órgão de instância superior da Justiça do Trabalho, que integra o Poder Judiciário brasileiro (CRFB, art. 111, I)

TUE ....: Tratado da União Europeia Unicamp — Universidade Estadual de Campinas, entidade autárquica estadual de regime especial criada pela Lei Estadual de São Paulo n. 7.655, de 28 de dezembro de 1962, com autonomia didático-científica, administrativa, financeira e disciplinar

Visat...........:Vigilância em Saúde do Trabalhador: constitui o conjunto de práticas sanitárias centradas na relação da saúde com o ambiente e os processos de trabalho e nesta com a assistência, observados os princípios da vigilância em saúde, para a melhoria das condiões de vida e saúde da população, entre outras atribuições, conforme Portaria/MS n. 3.120/1998 <www.anvisagov.br>

VT .... : Vara do Trabalho, órgão de primeira instância da Justiça do Trabalho, que integra o Poder Judiciário brasileiro (CRFB, art. 112)

WRMD .... : *Work Related Musculoskeletal Disorders*

Apresentação

O direito do trabalhador a um meio ambiente do trabalho seguro e saudável guarda estreita relação com direitos de personalidade. Nesse enfoque contemporâneo a autora faz uma análise crítica da saúde do trabalhador nos territórios de trabalho, numa abordagem para além da capacidade para o trabalho (art. 3º, c, da Convenção n. 155 da OIT), compreendendo também seu bem-estar físico, mental e social.

A afirmação de que "Toda lesão causada e/ou agravada por fatores relacionados ao trabalho, viola direitos de personalidade" encontra sustentação em marcos constitucional, infraconstitucional, em Tratados Internacionais e em uma infinidade de normativas internas. As políticas de bem-estar constituem importantes vetores de conquista social corresponde a proibições de lesões à vida e à saúde e condutas comissivas ao empresário, como cuidar da ergonomia, tomar cautelas para impedir a ocorrência de acidentes, reduzir e/ou eliminar os agentes insalubres, afastar atos que implicam assédio moral etc., gerando expectativas de proteção e realização. Doenças causadas ou desencadeadas pelas condições adversas de trabalho, pela falta de atenção à ergonomia, pela presença de agentes insalubres, como ruídos, sílica e amianto, podem incapacitar o trabalhador e comprometer sua sobrevivência com dignidade.

A autora submete seus argumentos a uma crítica rigorosa, por meio de fundamentos empíricos, citando uma grande quantidade de exemplos em âmbitos jurisprudencial e doutrinário, para concluir que as condutas patronais que violam o direito à saúde do trabalhador na relação de trabalho são passíveis de sanção e reparação pecuniária. Ressalta a vulnerabilidade do sistema vigente de pressão e descompressão entre a entidade patronal e o trabalhador, acentuando que nas relações laborais o empregador responde civil e socialmente pela promoção de um ambiente do trabalho seguro e saudável, no cumprimento do dever de proteção à saúde dos trabalhadores frente aos riscos ocupacionais.

Importante contribuição teórica fundada em textos normativos, normas cogentes de caráter vinculante que impõem proibições e medidas destinadas a satisfazer os mínimos vitais. O direito a um meio ambiente do trabalho hígido e seguro está instrinsicamente ligado à personalidade e guarda relação com o direito à vida e à integridade física e moral.

Diante das complexidades que envolvem a relação de forças desiguais — capital e trabalho —, a proteção à integridade física, mental e moral do trabalhador, como titular de valores inarredáveis, não pode ficar à mercê da administração de um Estado falido na sua função de administrar e prover o bem-estar no trabalho, e que, pressionado por grandes aglomerados financeiros, administra o risco de transferir a gerência de sua atividade social inafastável ao setor privado. A ordem jurídica nacional e supranacional protege a pessoa humana em todos os ambientes, impedindo que o individualismo egoísta prevaleça sobre a tutela jurídica individual, coletiva, comunitária e associativa.

Do ponto de vista teórico, a ideia de garantismo jurisdicional, ante as omissões do Estado e dos particulares, que traduzem manifesta violação a esse importante direito social — ambiente de trabalho seguro e hígido —, mostra-se plausível. No entanto, a obra não se limita a afrontar o problema do ponto de vista teórico. Seu mérito principal está centrado no terreno dos fatos, que constitui um avanço em direção a reflexões e discussões concretas, a partir de uma extraordinária quantidade de casos extraídos da jurisprudência de vários ordenamentos, apontando técnicas e estratégias de garantia, numa perspectiva geral e dogmática, em direção à construção de relações mais humanas e solidárias, plasmadas na personalidade, superando obstáculos como a indeterminação da prestação, a resistência judicial, a ausência legislativa, o enfraquecimento do Estado do bem-estar social.

São iluminadas as múltiplas abordagens de garantias diretas e indiretas que impõem deveres e obrigações, cuja inobservância implica sanções, de diferentes naturezas.

Fecundas e estimulantes resultam as estratégias de tutela ao trabalhador e seu meio ambiente do trabalho, fundadas em princípios normativos, centradas na ideia de que o direito à vida e à integridade física e mental se materializa também nos locais de trabalho, na medida em que o trabalho é fonte de sobreviência com dignidade.

A autora, consciente da efetividade e amplitude das tutelas jurídica e jurisdiccional, aponta um amplo leque de posicionamentos garantistas, que refutam hipóteses meramente economicistas, centradas na tradição jurídica liberal, pouco interessada na tutela dos direitos humanos fundamentais, que nunca elaborou um plano teórico centrado no garantismo social.

Trata-se de uma importante contribuição à formação da dogmática do direito social à saúde. A obra revela o caráter constitutivo de uma literatura jurídica centrada na construção de um direito mais humano, mais justo, de consistência conceitual, e não apenas declarações de boas intenções, em sentido figurado ou metafórico.

A estrutura do direito a um meio ambiente do trabalho seguro e saudável caracteriza-se por um complexo de obrigações negativas e positivas, que obrigam o empresário objetivamente, que terá de abster-se de atuar em certos âmbitos e realizar uma série de condutas para garantir o gozo dos atributos de saúde e bem-estar.

A saúde do trabalhador é um direito social pleno, garantido em nível constitucional, consagrado em normas internacionais, infraconstitucionais, regulamentos, portarias etc. Trata-se de um direito individual e de grupos, de igualdade e compensação, que guarda estrita relação com a personalidade, e conta com a tutela jurisdicional destinada a fazer cessar e evitar a consumação de ameaças ou atenuar os efeitos da ofensa já consumada.

Desde esta perspectiva, a autora reinterpreta o direito do trabalho, no sentido de que seu vetor de sustentação está na pessoa do trabalhador, que deve ser respeitado e protegido. De acordo com as posições teóricas expostas, as possibilidades de concretização e satisfação de todo direito terão de superar o marco estatal e se situar no plano de cooperação e solidariedade.

Trata-se, portanto, de obra cuja leitura, reflexão e aplicação são obrigatórias para todos os que se relacionam com o mundo do trabalho — trabalhadores, empregadores, dirigentes sindicais, autoridades governamentais responsáveis pela regulação e fiscalização das questões trabalhistas — e para todos os operadores do Direito.

Agosto de 2012.

Sidnei Lopes
Manuel de Oliveira Branco
Emília Simeão Albino Sako
Juízes do Trabalho da 9ª Região.

Capítulo 1
Introdução

Não obstante o trabalho ter surgido nos primórdios da humanidade, as relações entre as atividades laborativas e a doença permaneceram ignoradas até cerca de duzentos e cinquenta anos atrás, quando os capitalistas, antevendo as possibilidades econômicas dos altos níveis de produção, decidiram adquirir as máquinas de fiação e tecelagem e empregar pessoas para fazê-las funcionar, substituindo a mão de obra do artesão.

A improvisação das fábricas e a mão de obra constituída principalmente de crianças e mulheres resultaram em problemas ocupacionais extremamente graves.

Os acidentes de trabalho eram numerosos, provocados por máquinas sem nenhuma proteção, movidas por correias expostas, e as mortes, principalmente de crianças, eram muito frequentes.

A ausência de limite de jornada, o excesso de ruído provocado pelas máquinas primitivas, a iluminação precária por bicos de gás nas fábricas, as atividades executadas em ambientes fechados, com pouca ventilação, eram as causas de doenças de toda ordem entre os trabalhadores, tanto de origem não ocupacional, principalmente as infectocontagiosas como o tifo europeu, conhecido por "febre das fábricas", cuja disseminação era facilitada pelas más condições do ambiente de trabalho, pela grande concentração e promiscuidade dos trabalhadores, quanto de origem ocupacional, cujo número aumentava à medida que novas fábricas se abriam e novas atividades industriais eram iniciadas.

Segundo dados da OIT (Organização Internacional do Trabalho)[1], que, desde 2003, adotou 28 de abril como Dia Mundial da Segurança e Saúde no Trabalho, ocorrem anualmente 270 milhões de acidentes de trabalho em todo o mundo. Aproximadamente 2,2 milhões deles resultam em mortes. No Brasil, que, segundo o relatório, ocupa o 4º lugar em relação ao número de mortes, ocorrem 2.503 óbitos de 1,3 milhão acidentes, que têm como principais causas o descumprimento de normas básicas de proteção aos trabalhadores e más condições nos ambientes e processos de trabalho, perdendo apenas para a China (14.924), os Estados Unidos (5.764) e a Rússia (3.090).

---

(1) Fonte: <http://meusalario.uol.com.br/main/saude/acidentes-de-trabalho-brasil-e-o-quarto-em-numero-de-mortes-1>. Acesso em: 9 maio 2011.

No Brasil, as informações sobre o número de acidentes de trabalho estão a cargo do SUB (Sistema Único de Benefícios) e do Sistema de Comunicação de Acidente do Trabalho, desenvolvido pela Dataprev para processar e armazenar as informações da CAT (Comunicação de Acidente de Trabalho) que são cadastradas nas Agências da Previdência Social ou pela *internet*.

Entretanto, esses dados, segundo o Presidente do TST, Ministro João Oreste Dalazen, no discurso proferido em Homenagem ao Dia Mundial em Memória às Vítimas de Acidentes de Trabalho,

> são dados estatísticos que inequivocamente não retratam a plena dimensão do fenômeno Brasil. Por quê? Porque dizem respeito somente a acidentes de trabalho em que sejam vítimas trabalhadores segurados da Previdência Social. Não incluem, pois, os milhões de trabalhadores informais, os casos frequentes de subnotificações e os acidentes no funcionalismo público. Observe-se que as CATs comumente são subnotificadas pelas empresas, por inúmeras razões. A realidade é que muitas empresas evitam emitir a CAT em virtude das consequências jurídicas e econômicas desta emissão, tais como: 1ª) obrigatoriedade de continuar depositando o FGTS enquanto o empregado estiver com o contrato de trabalho suspenso; 2ª) garantia de emprego do acidentado até um ano após o término do benefício previdenciário; 3ª) porque a emissão da CAT pode significar a produção de prova para o reconhecimento de uma indenização por dano material ou moral pela Justiça do Trabalho, em decorrência do infortúnio...[2].

De acordo com as estimativas da OIT[3], de 270 milhões de acidentes de trabalho, aproximadamente 160 milhões são casos de doença ocupacional, a qual representa a perda de quatro dias de trabalho, ou seja, 4% do PIB mundial. Dos trabalhadores mortos, 22 mil são crianças, vítimas do trabalho infantil.

O Anuário Estatístico de Acidentes do Trabalho 2008, publicação conjunta dos Ministérios da Previdência Social (MPS) e do Trabalho e Emprego (MTE), registrou 747.663 acidentes de trabalho em 2008 (2.757 mortes e 12.071 casos de trabalhadores que sofreram incapacidade permanente), representando um aumento de 13,4% em relação ao número de notificações de 2007, que foi de 659.523[4].

Enquanto os homens têm mais perigo de morrer em idade ativa, ou seja, com idade inferior a sessenta e cinco (65) anos, as mulheres sofrem mais em decorrência de doenças contagiosas de origem profissional e transtornos psicossociais e físicos de longa duração.

---

(2) Fonte: Secretaria de Comunicação Social do Tribunal Superior do Trabalho. Disponível em: <http://ext02.tst.jus.br/pls/no01/NO_NOTICIASNOVO.Exibe_Noticia?p_cod_noticia=12191&p_cod_area_noticia=ASCS&p_txt_pesquisa=acidentes%20de%20trabalho>. Acesso em: 9 maio 2011.

(3) Fonte: <http://www.fasubra.servicos.ws/index.php?option=com_content&view=article&id=691:acidentes-de-trabalho-no-brasil&catid=13:geral&Itemid=19>. Acesso em: 28 ago. 2010.

(4) Fonte: <http://forumdotrabalho.blogspot.com/2010/01/anuario-estatistico-de-acidentes-do.html>. Acesso em: 28 ago. 2010.

Nos cálculos da OIT, 440 mil mortes de trabalhadores por ano são causadas por doenças ou acidentes de trabalho provocados por substâncias perigosas, devendo-se 100 mil exclusivamente ao amianto.

Enquanto as doenças de origem profissional constituem o problema principal nos países industrializados, os riscos de acidente encontram-se presentes de forma mais acentuada nas economias em desenvolvimento e especialmente em setores como a mineração, a construção ou a agricultura.

Segundo o relatório, os problemas emergentes levam a um rápido aumento da mortalidade no mundo. Todos eles são relacionados a fatores psicossociais, violência, álcool, drogas, estresse, calculando-se que 14% de todas as mortes de origem profissional decorrem do uso do tabaco e que cerca de 28 milhões de pessoas pertencentes à população ativa foram atingidas pela Aids.

Em vários países industrializados, mais da metade das aposentadorias são antecipadas ou estão vinculadas à concessão de pensões de incapacidade.

Entretanto, o relatório da OIT sustenta que, em diversos países em desenvolvimento, os sistemas de informação e de cobertura em matéria de saúde e de segurança no trabalho utilizam processos de obtenção de dados tão deficientes que, em alguns casos, deterioram-se.

A Índia, por exemplo, declara 222 acidentes mortais por ano, enquanto a República Tcheca, cuja população ativa equivale aproximadamente a 1% da indiana, diz que teve 231 mortes.

A OMS (Organização Mundial da Saúde) cada vez mais amplia o conceito de incapacidade física e mental, que começa a tomar força no Brasil, ao adotar o novo entendimento, levando em conta as condições ambientais e sociais nas quais vive o indivíduo e suas limitações.

Para a Organização[5], há **impacto de múltiplos fatores sobre a saúde dos trabalhadores num perfil epidemiológico caracterizado pela coexistência de enfermidades típicas das patologias ocupacionais tradicionais (hipoacusia ocupacional, intoxicação aguda por pesticidas e metais pesados, doenças dermatológicas e respiratórias) e das enfermidades recentemente associadas com o trabalho (câncer, asma ocupacional, estresse ocupacional, doenças cardiovasculares e ósteo-musculares, alterações imunológicas e do sistema nervoso).**

De acordo com a OMS (Organização Mundial da Saúde), a nova classificação de funcionalidade, incapacidade e saúde muda o entendimento de que deficiências são problemas visíveis de um grupo minoritário ou de pessoas que andam em cadeiras de rodas.

A Norma Previdenciária, por ter sido elaborada em 1991, não previu esta nova orientação da OMS, que passou a ser divulgada em maio de 2001, e a necessidade

---

(5) Justificativa do Projeto de Lei n. 1.698/2003, que altera a Lei n. 8.213/91 e amplia as hipóteses de aposentadoria por invalidez.

de atualizá-la em favor dos beneficiários encontra-se presente nas propostas de Projetos de Lei em trâmite pelo Congresso Nacional brasileiro[6].

No direito comparado, tem-se que, no modelo português, as doenças relacionadas ao trabalho encontram-se previstas no Decreto-Regulamentador n. 6/2001, de 5 de maio[7], e a Tabela Nacional de Incapacidades (TNI) em vigor consta do Decreto-lei n. 341/1993, de 30 de setembro, e tem por finalidade fornecer as bases de avaliação do prejuízo funcional sofrido em decorrência de doença profissional com perda da capacidade de ganho.

Seguindo a orientação da Directiva n. 89/391/CEE, do Conselho, de 12 de junho, abandonou-se o sistema de informação estatística, baseado no modelo de participação dos acidentes de trabalho do Decreto n. 27.649/1937, de 12 de abril, para instituir um mecanismo de flexibilidade e adaptabilidade propiciado por modelos de participação e de mapas aprovados por portaria dos Ministros das Finanças do Planejamento e da Administração do Território e do Emprego e da Segurança Social, na busca de resposta às solicitações de caráter evolutivo provenientes dos organismos internacionais, designadamente do Eurostat e da OIT.

O quadro demonstra, de forma inequívoca, pobreza e vulnerabilidade no sistema vigente de pressão e descompressão entre a entidade patronal e o trabalhador, sendo este último o que mais necessidade tem de que as garantias fundamentais definidas pela ordem jurídica tenham aplicação e efetividade imediata, especialmente nas economias em desenvolvimento.

A segurança e higiene do trabalho constitui, na atualidade, assunto da maior importância e vem merecendo dos poderes públicos um extraordinário incentivo, desde legislação adequada à formação de profissionais técnicos especializados capaz de dar cumprimento às medidas adotadas em prol dos trabalhadores, protegendo-os contra acidentes e doenças ocupacionais.

Todos perdem com a doença ocupacional: o empregado e sua família, a empresa, o governo e, em última instância, toda a sociedade.

Por outro lado, é certo afirmar que, se todos amargam prejuízos visíveis, é inevitável concluir que investir em prevenção proporciona diversos benefícios: primeiramente, o retorno financeiro para o empregador; em segundo lugar, a respeitabilidade dos trabalhadores pelo padrão ético da empresa; em terceiro, a melhoria das contas da Previdência Social; e, por último, o ganho emocional dos empregados, que se sentem valorizados e respeitados.

---

(6) A Medida Provisória n. 316, de 11 de agosto de 2006, publicada no DOU de 11.8.2006 altera a Lei n. 8.213/1991, acrescentando o art. 21-A: "Presume-se caracterizada incapacidade acidentária quando estabelecido o nexo técnico epidemiológico entre o trabalho e o agravo, decorrente da relação entre a atividade da empresa e a entidade mórbida motivadora da incapacidade, em conformidade com o que dispuser o regulamento".

(7) Art. 1º: "São consideradas doenças profissionais as constantes da lista organizada e publicada em anexo a este diploma, juntamente com o seu índice codificado".

Na Recomendação n. 112, adotada pela 43ª Seção da Conferência Internacional do Trabalho, em Genebra, em 1959, a importância do tema foi ressaltada textualmente[8].

Há doenças graves e de difícil diagnóstico, nomeadamente, como o mesotelioma (câncer da pleura provocado pela exposição ao amianto), que demora de 30 a 40 anos para se manifestar e cujo ainda não há tratamento, levando o paciente a óbito.

Aprioristicamente, verifica-se que do fato (doença) decorre um dano à saúde do trabalhador, a qual exige uma tutela.

O presente trabalho busca conceituar as doenças relacionadas à atividade laboral, definir a afetação aos direitos do trabalhador nesses eventos, notadamente aos direitos de personalidade, as tutelas oferecidas na ordem jurídica mundial e em especial na brasileira, além das soluções encontradas pela doutrina para tutelar os direitos afetados e a concretização na jurisprudência.

Posteriormente, pretende-se dar conta da evolução da visão tradicional do problema, confrontá-la com a crise de valores atualmente associada à tutela do trabalhador afetado pela doença relacionada ao trabalho, fazer uma análise crítica e traçar as perspectivas que se vislumbram na ordem jurídica, além de analisar os seus possíveis pilares de sustentação na busca de uma nova valoração dos bens jurídicos que merecem ser tutelados.

---

(8) a) A assegurar a proteção dos trabalhadores contra todo risco que prejudique sua saúde e que possa resultar de seu trabalho ou das condições em que este se realiza;

b) A contribuir para adaptação do trabalho aos trabalhadores e por sua colocação em funções correspondentes às suas aptidões;

c) A contribuir para o estabelecimento e manutenção do nível mais elevado possível de bem-estar físico e mental dos trabalhadores.

Capítulo 2
Dados Históricos e Conceituais Relevantes na Definição de Doenças Relacionadas ao Trabalho

2.1. Evolução histórica

Em retrospecto histórico, verifica-se que as doenças relacionadas ao trabalho eram conhecidas desde a mais remota Antiguidade, conforme registros nos papiros egípcios de anormalidades físicas ou psíquicas observadas nos trabalhadores (escravos e condenados sujeitos a trabalhos agressivos, penosos e insalubres).

Da mesma forma, Hipócrates, Plínio, Lucano, Sílio Itálico, George Bauer, Paracelsus, Elemborg, Bernardino Ramazzini e Percival Pott descrevem quadros clínicos e a evolução dos estudos na área[9].

A industrialização, incrementada a partir do século XVIII (1760-1850), aumentou o número de mutilados e mortos em decorrência das condições precárias de trabalho, com reflexos sociais que influenciaram o advento de normas jurídicas com a finalidade de proteger o acidentado e seus dependentes, de modo a, pelo menos, remediar a situação.

---

(9) MARANO, Vicente Pedro. *Doenças ocupacionais*. São Paulo: LTr, 2003. p. 13-14; relata que Hipócrates descreve um quadro clínico que hoje reconhecemos tratar-se de saturnismo. Quatro séculos após, Plínio descreve aspectos adquiridos por trabalhadores expostos ao chumbo, ao mercúrio e à poeira. Na Espanha, sob o domínio Romano, *Lucano* e *Sílio Itálico* citam a palidez observada entre os mineiros, supostamente ocasionada pela ancilostomíase. George Bauer, conhecido como Agrícola, posteriormente publica "De Re Metálica", em que refere-se a acidentes de trabalho ocorridos nas minas de prata e de ouro, descrevendo a chamada "Asma dos mineiros", que hoje a medicina reconhece tratar-se da silicose. Onze anos após, *Paracelsus* relaciona a manipulação de certas substâncias e métodos de trabalho com o desenvolvimento de certas doenças e descreve o quadro clínico da intoxicação pelo mercúrio. Em 1473, Elemborg refere-se à ação maléfica dos fumos e vapores sobre os trabalhadores e descreve as intoxicações provocadas pelo chumbo e o mercúrio, propondo, inclusive, medidas preventivas. Porém, somente na obra *De Morbis Artificum Diatriba*, de *Bernardino Ramazzini* (1633-1714), em Modena, Itália, as doenças relacionadas com o trabalho passam a despertar interesse nos pesquisadores e médicos, em virtude de sua descrição de aproximadamente 50 doenças relacionadas com o trabalho, estabelecendo, claramente, a relação doença/ocupação e, ainda, os meios preventivos. Além disso, preconiza os princípios da Medicina Social, criando desta forma um novo conceito da patologia médica, ou seja, as doenças ocupacionais. Posteriormente, inspirado pelas concepções de Ramazzini, Percival Pott amplia ainda mais o espectro da ação da saúde ocupacional, realizando os primeiros estudos sobre o câncer profissional.

Apesar de a Revolução Industrial ter nascido na Inglaterra e ter sido difundida por toda a Europa, a pioneira no assunto foi a Alemanha, em 1884, quando instituiu a primeira lei específica a respeito de acidentes de trabalho, cujo modelo não demorou a se espalhar para outros países.

Com a instituição da OIT (Organização Internacional do Trabalho), em 1919, várias normas internacionais foram adotadas, que constituem, até a atualidade, fonte inspiradora para todos os países-membros melhorarem as condições de trabalho, através de política com o objetivo de prevenir acidentes e perigos para a saúde resultantes do trabalho, precisando as funções e responsabilidades das autoridades públicas, empregadores e de outras pessoas interessadas em matéria de segurança, saúde dos trabalhadores e ambiente de trabalho.

Para tanto, a OIT emite convenções (vinculativas) e recomendações (não vinculativas), que abordam várias temáticas, tornando impossível o trabalho de codificação. Apesar da dificuldade, através do seu *Bureau International du Travail* (BIT), publicou o Código Internacional do Trabalho, que agrupa várias Convenções.

O Comitê Misto da Organização Mundial da Saúde e da Organização Internacional do Trabalho, em 1950, definiu o conceito de *saúde do trabalho*: é uma abordagem que não se contém, apenas, na vigilância médica visando à ausência de doença ou enfermidade (art. 3º, *c* da Convenção 155 da OIT), mas compreende também a promoção e a manutenção do mais alto grau de bem-estar *físico*, *mental* e *social* dos trabalhadores em todas as profissões.

2.2. A evolução na ordem jurídica europeia

Na Europa, num período marcado pelo triunfo das concepções econômicas, políticas e sociais do liberalismo (*laissez-faire, laissez-passer*), cuja ideologia era incompatível com a intervenção estatal nas esferas econômica e social, o papel do Estado era supletivo em relação às questões de proteção contra os riscos, inclusive no local de trabalho, abrindo-se uma única exceção, quando se colocava em causa o interesse maior da "saúde pública", especialmente o controle das epidemias e das doenças infectocontagiosas.

Dessa forma, os problemas tão prementes, como a assistência na doença e na invalidez, foram relegados à iniciativa da sociedade civil (municípios, comunidade local, instituições de beneficência, associações de socorros mútuos, beneméritos e filantrópicos).

Na prática, o Estado abandonava a ideologia liberal somente quando era obrigado a intervir em certos domínios, que iam desde a *proteção social dos trabalhadores* (regulamentação do trabalho infantil e da mulher, higiene e segurança no trabalho, seguro social obrigatório contra os acidentes, inspeção das condições de trabalho na Inglaterra vitoriana e na Alemanha imperial) à *saúde pública* (exercício da autoridade sanitária, licenciamento de instalações fabris, saneamento básico, vacinação, proteção da infância e maternidade) e para além, ao assegurar a formação médica e a hospitalização da população mais pobre (2000, Graça, L, p. 23[10]).

Os conceitos de assistência, beneficência e filantropismo herdados do *século das Luzes* vão, lenta e progressivamente, sendo substituídos pelo conceito de *proteção social*, que os governos burgueses, monárquicos ou republicanos passaram a adotar, a partir do confronto com um novo perigo da emergência do proletariado, que trazia consigo o germem da revolução social.

Na França, com o objetivo explícito de impedir a mendicância e a vagabundagem como fonte de desordem nas principais cidades, Luis XIV (1656) criou o *Hospital Geral*, com função policial de controlar grupos de população potencialmente perigosa para a ordem estabelecida. Inicia-se a intervenção do Estado absolutista. Na opinião de Duby (1995, p. 432[11]), a solução mostrou-se temerária, desmesurada e demasiado cara: mais de cinco mil mendigos foram, de repente, amontoados nos hospitais parisienses, em substituição à caridade evangélica, acomodando a sociedade mais facilmente à grande miséria do povo.

O problema da pauperização foi exposto com a queda do Antigo Regime: calcula-se que, às vésperas da Revolução Francesa, cinco a dez por cento da população eram constituídos por massa de indigentes mais ou menos errantes, controlados pela instituição hospitalar que transformou os indigentes válidos em mão de obra praticamente gratuita para o seu próprio funcionamento (cozinha, limpeza, manutenção etc.) ou para a produção econômica direta, a exemplo das atividades artesanais.

Com a Revolução Francesa surgem novas ideias, que Rochaix (1996, p. 63-64[12]) resumiu em três tópicos principais:

- *Introdução do espírito "científico"* no domínio do social, que já era uma ideia cara aos *filósofos das Luzes*, ou seja, recusa do princípio da "ordem natural" (e, portanto, "divina") até então dominante;

- *Responsabilidade da sociedade*, substituindo a noção de dever religioso (ou *causa pia*) pela noção de obrigação social, ou seja, afirmação de um verdadeiro "contrato social" (direito do cidadão sobre a sociedade e desta sobre o cidadão: direito à subsistência, ao trabalho e à assistência em caso de incapacidade, mas também obrigação do indivíduo de trabalhar); e finalmente

---

(10) Extratos de: GRAÇA, L. (1999): Enquadramento histórico da produção legislativa no domínio da Segurança, Higiene e Saúde no Trabalho (SH&ST). Lisboa: Universidade Nova de Lisboa, Escola Nacional de Saúde Pública, Grupo de Disciplinas de Ciências Sociais em Saúde, Disciplina de Sociologia da Saúde / Disciplina de Psicossociologia do Trabalho e das Organizações de Saúde (Textos, T 1325), mimeog., 75 + 18 p.

(11) DUBY, Georges. *Histoire de la France:* des origines à nos jours. Paris: Larousse, 1995. p. 432.

(12) ROCHAIX, Maurice. *Les questions hospitalières:* de la fin de l'Ancien Régime à nos jours. Paris: Berger-Levrault, 1996. p. 63-66.

- *papel primordial do Estado*, a quem cabe a organização da assistência em âmbito nacional.

A *assistência como serviço público*, adotada como princípio, isto é, garantida pelo Estado, leva a uma série de reformas: prestação de serviços a domicílio, uniformização de regimes jurídicos dos estabelecimentos hospitalares, alargamento da sua vocação e área de influência; especialização ou diferenciação, com reagrupamento e repartição em função das necessidades da saúde da população; a laicização do seu pessoal etc.

Apesar de revolucionárias, as medidas falharam por falta de meios e em decorrência de seus efeitos: nacionalização dos bens hospilatares, expulsão dos religiosos, colapso financeiro dos estabelecimentos etc., fazendo com que as ideias dominantes na França regredissem na primeira metade do século XIX, a ponto de serem relegadas ao esquecimento por ocasião da Restauração e do II Império, que foi marcado pela afirmação de três (3) princípios fundamentais (Rochaix, 1996, pp 110-113[13]):

- *Neutralismo* do Estado;

- Primado da *beneficência,* nome burguês da caridade;

- Mercado livre com autorregulação dos problemas sociais.

É o retorno da secular vocação do hospital como instituição de assistência (e de segregação) aos pobres, que, não obstante, teve que alargar a sua clientela como consequência sociodemográfica da industrialização dos países da Europa Ocidental, nomeadamente na França, na III República, passando a atender aos não indigentes, incluindo:

- os primeiros beneficiários das caixas de *assurance-maladie*, mediante pagamento de um *prix de journée*; e

- os trabalhadores, *vítimas de acidentes de trabalho* (Lei de 9 de abril de 1898, completada pela Lei de 31 de março de 1905, que vai imputar ao empregador a responsabilidade pela reparação dos riscos profissionais).

A pressão do *sistema social e econômico* passou a ser sentida pelos governos no final do século XIX e princípios do século XX, para intervir no campo da proteção social por razões políticas e ideológicas:

- as instituições de caridade e beneficentes, religiosas e laicas, já não são suficientes para responder aos problemas gerados pela industrialização, proletarização e urbanização;

- os Governos acabam por ter que assumir parte das funções tradicionalmente executadas pela iniciativa privada ou regulamentar a esfera de ação da sociedade civil nesse domínio ou, inclusive, tomar a iniciativa das medidas legislativas

---

(13) ROCHAIX, Maurice: *Les questions hospitalières...*, p. 110-113.

e outras com finalidade de dar maior proteção à população ativa (legislação sobre o trabalho infantil e da mulher, idade mínima de admissão, duração do trabalho, descanso semanal obrigatório, reparação dos acidentes de trabalho, criação da inspeção do trabalho etc.);

• as medidas adotadas pelos Governos liberais e reformadores sociais também foram motivadas por razões *ideológicas,* a exemplo do catolicismo social na França nos finais do século XIX e início do século XX; do liberalismo progressista na Inglaterra eduardiana ou por razões *políticas* voltadas à manutenção ou conquista do poder, a exemplo da Alemanha de Bismark primeiro e da República de Weimar depois; do socialismo reformista nos países escandinavos; do *New Deal* de Roosevelt; da *Frente Popular* em 1936 e a *Libération* em 1945 na França;

Historicamente, o início da construção do *Estado Providência* ou o surgimento das políticas de social *welfare* partiu do ultraconservador Bismark na Alemanha, que se antecipou, de algum modo, à Inglaterra, que foi o primeiro país a industrializar-se: leis sobre os seguros sociais obrigatórios de *doença* (1883), de *acidente de trabalho* (1884), de *velhice* (1889) e sobre *condições de trabalho* (1889-91).

Em 1871, a partir da sua unificação, a Alemanha passa a desenvolver o seu sistema de saúde pública e melhorar as condições sanitárias da população trabalhadora, num quadro de crescimento acelerado de industrialização, que passou a ser o paradigma dos demais países industrializados:

• a Nova Zelândia foi o primeiro país a criar *pensões de velhice* (1898);

• no final do século, o Império Austro-Húngaro, a Noruega (1909), a Suécia (1910);

• a Inglaterra — após o incêndio de Cripplegate, fundou-se o Comitê Britânico de Prevenção e teve início uma série de pesquisas relativas a materiais aplicados em construções e, após a catástrofe do Bazar da Caridade na França, foram dadas maiores atenções aos problemas de incêndios (1897);

• *Old Age Pension's Act,* primeira lei de pensões de velhice não financiadas por contribuições obrigatórias e sujeitas à prova da falta de recursos (1908); *National Insurance Act* (seguro obrigatório contra a doença, em 1911, mas que entrou em execução somente em 15 de julho de 1912);

• *Unemployment Insurance Act* (seguro contra o desemprego) mais abrangente que o seguro instituído anteriormente (1912 e passa a generalizar-se em 1920);

• os Estados Unidos, com o *New Deal* de Roosevelt (*Social Security,* 1935) e pela França (1936, com o Governo da Frente Popular e sobretudo em 1945, com a Libertação).

De um modo geral, a partir da constituição da Organização Internacional do Trabalho, em 1919, veio o maior impulso à adoção de políticas de proteção social na maior parte dos países industrializados.

O Estado liberal, no entanto, sofreu as sequelas da I Guerra Mundial, acentuada pela grande crise do capitalismo de 1929, com a crescente divulgação do pensamento económico keynesiano, mas foi durante e sobretudo depois da II Guerra Mundial que o Estado moderno assumiu de forma clara a sua tendência intervencionista e se generalizaram os modernos sistemas de segurança social e de saúde.

Na Inglaterra, a *Poor Law*[14], editada em 1601, só foi abolida em 1929, embora na prática tenha sido mantida sob a designação e aos cuidados da *local authorities* até a promulgação do *National Assistance Act* (1948).

O Plano do Governo de coligação de Winston Churchill apresentado ao parlamento em plena guerra (1942), o célebre *Beveridge* (*Social Insurance and Allied Services*), deu origem ao *Welfare State* inglês, com a vitória eleitoral dos trabalhistas (1945) e a publicação no pós-guerra do *National Insurance Act* e do *National Health Service Act* (1946), do qual nasceria o *National Health Service* (1948).

Na França, às vésperas da II Guerra Mundial, apenas um terço da população tinha cobertura do seguro/doença, e com a Libertação, através da *ordonnance* de 4 de outubro de 1945, foi criada a *Sécurité Sociale*, com a finalidade de assegurar a todos os cidadãos meios de sobrevivência em todas as situações de incapacidade para o trabalho. Tinha no seu regime geral os descontos obrigatórios de empregadores e trabalhadores como base de financiamento, mas ainda não era universal, estendendo-se mais tarde aos funcionários públicos e estudantes (1947), aos militares (1949), aos grandes inválidos de guerra e aos assalariados agrícolas (1950).

A OMS (Organização Mundial de Saúde), criada em 1948, no âmbito das Nações Unidas, da qual Portugal, que sequer tinha um Ministério da Saúde, criado em 1958[15], foi um dos cofundadores, teve um papel importante não só no debate e

---

(14) Segundo Cecília Menezes, Direito Previdenciário, Evolução da Previdência Social no Brasil, Primeira abordagem: A Lei dos Pobres, editada na Inglaterra em 1601, conhecida como "Poor Law" ou "Elizabethan Poor Law", depois complementada pelo "Poor Relief Act" de 1662, retirou da assistência aos pobres o caráter de caridade, determinando ao Estado a obrigação de amparar os necessitados. A partir de tal iniciativa, considera-se criada a assistência pública ou social, direito do necessitado e dever do Estado. A Lei dos Pobres foi a primeira sistematização das ideias inglesas acerca da responsabilidade do Estado de prover o bem-estar dos seus cidadãos e assentava em quatro princípios: "a) a obrigação do socorro aos necessitados; b) a assistência pelo trabalho; c) a taxa cobrada para o socorro aos pobres (*poor tax*); d) a responsabilidade das paróquias pela assistência de socorros e de trabalho". Os homens capazes eram obrigados a prestar serviço em asilos e albergues. As crianças tinham que frequentar a escola. Quem não trabalhava era açoitado, preso e poderia ser até condenado à morte. A lei consolidou a ideia de que o governo é responsável pelos pobres e foi o embrião do moderno Estado do Bem-Estar Social. Serviu de inspiração para o seguro nacional contra a doença e velhice instituído na Alemanha por Bismarck, no início da década de 1880; para a política oficial de habitação na Inglaterra, no início da década de 1890, e para a lei de seguridade social dos EUA em 1935. Fonte: <http://www.euvoupassar.com.br>. Acesso em: 11 maio 2011.

(15) Salazar, pressionado, criou o Ministério da Saúde e da Assistência, mas, em meados da década de 1960, seis em cada dez portugueses continuavam sem cobertura de qualquer esquema de seguro saúde/doença, público ou privado.

estudo das questões de saúde/doença e na reorientação futura das políticas e dos sistemas de saúde, mas, sobretudo, no que diz respeito à afirmação de princípios associados ao conceito de saúde, até então fortemente tratado com medicamentos, uma componente social: a saúde como completo bem-estar físico, mental e social (não mais a simples ausência de doença), os requisitos básicos para a saúde, a saúde como recurso essencial, o direito à saúde, a saúde para todos etc.

A responsabilidade por doenças relacionadas ao trabalho surgiu na legislação portuguesa, assim como na maioria dos países, ligada à dos acidentes de trabalho, com dupla designação ou na formulação integrada de riscos profissionais.

As *doenças profissionais* encontram-se definidas no Decreto-Regulamentar n. 6/2001, de 5 de maio[16].

Pelo Decreto-lei n. 171/2004, de 17 de julho, procedeu-se à extinção do Instituto de Desenvolvimento e Inspeção das Condições de Trabalho (IDICT) e criou-se o Instituto de Segurança, Higiene e Saúde no Trabalho (ISHST), com a finalidade de promover a segurança, higiene, saúde e bem-estar no trabalho, coordenando, executando e avaliando as políticas no âmbito do Sistema Nacional de Prevenção dos Riscos Profissionais. Cabe à Inspeção-Geral do Trabalho o controle e a fiscalização do cumprimento das normas relativas às condições de trabalho, emprego, desemprego e pagamento das contribuições para a segurança social.

É curioso constatar que dois políticos da direita, o conservador chanceler alemão Otto von Bismark (1815-1898) e o liberal inglês William Beveridge (1879-1953), foram justamente os fundadores do moderno *Estado-Providência* (*Welfare State*), embora em contextos e épocas diversas.

Importante salientar, também, que os fatores propulsores da legislação social nos países industrialmente desenvolvidos resultaram do movimento de pressão de mão dupla: (I) do *movimento operário e sindical,* por um lado e, (II) por outro, do próprio sistema econômico e político, preocupado em assegurar um certo grau de estabilidade social diante das grandes transformações provocadas pela industrialização: explosão demográfica, urbanização, conflitos sociais e políticos, crises econômicas etc.

Verifica-se que em face das doenças ocupacionais, definidas e conceituadas pelo legislador, sempre marcadas pelas ideologias e regimes políticos adotados pelos governantes dos Estados, ora liberal, ora intervencionista, o trabalhador foi submetido a diversos regimes jurídicos, de modo a estender a proteção de forma mais abrangente possível, notadamente quando se trata da saúde física e mental, dada a relevância dos valores que agregam o bem tutelado pela ordem jurídica, independentemente das razões subjacentes.

---

(16) Art. 1º: "São consideradas doenças profissionais as constantes da lista organizada e publicada em anexo a este diploma, juntamente com o seu índice codificado."

2.3. A evolução na ordem jurídica brasileira

No Brasil, desde o início do século XX, diversos projetos buscavam instituir uma lei específica para regulamentar a matéria e as normas esparsas existentes.

Vale citar dois dispositivos do Código Comercial de 1850[17], precursores do Decreto Legislativo n. 3.724, de 15 de janeiro de 1919, considerado a primeira lei acidentária brasileira, que, apesar das críticas e falhas, teve o mérito de marcar a emancipação da infortunística no trabalho, cortando o cordão umbilical que a prendia de alguma forma ao direito comum, reforçando sua autonomia do direito trabalhista específico.

A terceira lei acidentária (Decreto-lei n. 7.036/44) promoveu nova ampliação do conceito de acidente de trabalho, incorporando as concausas[18] e o acidente *in itinere*, além de estabelecer o dever dos empregados de cumprirem as normas de segurança expedidas pelo empregador.

As doenças profissionais atípicas foram incluídas na ampliação do conceito de acidente de trabalho pela segunda lei acidentária — Decreto n. 24.637, de 10 de julho de 1934.

Nova mudança conceitual ocorreu em 19 de outubro de 1976, com a edição da Lei n. 6.367 — a sexta lei acidentária —, que aprimorou o conceito de acidente do trabalho e das concausas, incluindo a doença proveniente da contaminação acidental do pessoal da área médica como situação equiparada a acidente de trabalho; em casos excepcionais, permitiu, também, a equiparação de doenças não indicadas pela Previdência Social, quando tais patologias estivessem relacionadas com as condições especiais em que o serviço foi prestado.

A Lei n. 8.213/91 — sétima lei acidentária — promulgada em conjunto com o Plano de Benefícios da Previdência Social, em consonância com as diretrizes traçadas na Constituição Federal de 1988, regula em seu art. 20[19] as doenças ocupacionais.

---

(17) Art. 79. Os acidentes imprevistos e inculpados, que impedirem aos prepostos o exercício de suas funções, não interromperão o vencimento do seu salário, contanto que a inabilitação não exceda a 3 (três) meses contínuos.
Art. 560. Não deixará de vencer a soldada ajustada qualquer indivíduo da tripulação que adoecer durante a viagem em serviço do navio, e o curativo será por conta deste; se, porém, a doença for adquirida fora do serviço do navio, cessará o vencimento da soldada enquanto ela durar, e a despesa do curativo será por conta das soldadas vencidas; e se estas não chegarem, por seus bens ou pelas soldadas que possam vir a vencer.

(18) Decreto-lei n. 7.036, 10 nov. 1944, art. 3º: "Considera-se caracterizado o acidente, ainda quando não seja ele a causa única e exclusiva da morte ou da perda ou redução da capacidade do empregado, bastando que entre o evento e a morte ou incapacidade haja uma relação de causa e efeito".

(19) Consideram-se acidente de trabalho, nos termos do artigo anterior, as seguintes entidades mórbidas:
I. doença profissional, assim entendida a produzida ou desencadeada pelo exercício do trabalho peculiar a determinada atividade e constante da respectiva relação elaborada pelo Ministério do Trabalho e da Previdência Social;
II. doença do trabalho, assim entendida a adquirida ou desencadeada em função de condições especiais em que o trabalho é realizado e com ele se relacione diretamente, constante da relação mencionada no inciso I.

O conceito de acidente de trabalho recebeu diversos aperfeiçoamentos nas leis mais recentes. Nas duas primeiras normas, centrou-se a definição na *lesão produzida*; depois, o foco passou para os *fatores causais,* com melhor técnica diante da infortunística do trabalho. Abandonou-se a *causa única* da primeira lei, para abranger as *concausas.* Também abandonou-se a referência à *causa involuntária e violenta,* resquício das exigências da teoria da culpa, que dificultava o enquadramento do evento como acidente de trabalho e, no mais das vezes, atribuía ao próprio trabalhador a responsabilidade pela ocorrência, como resultado de ato voluntário deste.

Ainda assim, mereceu diversas críticas de conceituados juristas, como Octavio Bueno Magano[20] e Primo Alfredo Brandimiller[21].

Desde a primeira lei acidentária, as doenças provocadas pelo trabalho do empregado são consideradas como acidente de trabalho, mas cada um tem conceito próprio e a equiparação entre eles se faz apenas no campo jurídico, com efeitos nas reparações e nos direitos resultantes para o trabalhador nos dois casos.

Pode-se afirmar que o acidente é um fato súbito e externo ao trabalhador, que provoca lesão, e que a doença ocupacional é um estado patológico ou mórbido, qual seja, perturbação da saúde do trabalhador, que normalmente vai se instalando insidiosamente, manifestando-se internamente, com tendência de agravamento.

Cabe, neste passo, conceituar as três denominações: doença profissional, doença do trabalho e doença ocupacional, uma vez que, por princípio hermenêutico, a lei não contém expressões inúteis.

Define-se, pois, como doenças profissionais aquelas peculiares a determinada atividade ou profissão, também denominadas de doenças profissionais típicas, tecnopatias ou ergopatias. O exercício de determinadas profissões pode produzir ou desencadear certas patologias, hipótese em que o nexo causal da doença é presumido, a exemplo de trabalhador em mineradora, exposto ao pó de sílica e que contrai a silicose, a qual é típica da profissão.

A doença do trabalho, também denominada doença profissional atípica ou mesopatia, tem origem na atividade do trabalhador, mas não está necessariamente vinculada a esta ou àquela profissão. O surgimento decorre da forma como o trabalho

---

(20) Sugere o seguinte conceito: "Acidente do trabalho é o evento verificado no exercício do trabalho de que resulte lesão corporal, perturbação funcional ou doença que cause a morte ou a perda ou redução, permanente ou temporária, da capacidade para o trabalho". *Lineamentos de infortunística,* 1976, p. 30 e 37.

(21) Leciona.que: "Embora o termo *dano pessoal* seja juridicamente mais amplo, em infortunística refere-se às consequências físicas ou psíquicas decorrentes do acidente. O acidente do trabalho considerado pela regulamentação legal do Seguro de Acidentes do Trabalho é, portanto, toda ocorrência causal, fortuita e imprevista que atende conjugadamente os seguintes requisitos: quanto à causa, o acidente que decorreu do exercício do trabalho a serviço da empresa — o que justifica o tipo: acidente do trabalho; quanto à consequência; o acidente que provocou lesão corporal ou perturbação funcional causando a morte ou a perda ou redução, permanente ou temporária, da capacidade para o trabalho". *A perícia judicial em acidentes e doenças do trabalho,* 1996. p. 145-146.

é executado ou das condições específicas do ambiente de trabalho, a exemplo do grupo atual das LER/Dort, que podem ser adquiridas em qualquer tipo de atividade específica.

Desde 2004, com a aprovação da Resolução n. 1.236/2004, pelo Conselho Nacional da Previdência Social — CNPS —, foi inserida nova metodologia para flexibilizar as alíquotas de contribuição destinadas ao financiamento do benefício da aposentadoria especial e àqueles decorrentes do grau de incidência de incapacidade laborativa em razão dos riscos ambientais do trabalho, com o fim precípuo de estimular o investimento dos empregadores em melhorias nos métodos produtivos e na qualificação dos trabalhadores visando à redução dos riscos ambientais do trabalho.

A nova metodologia exigia forma de identificação dos acidentes de trabalho que, aliada à CAT (Comunicação do Acidente do Trabalho), minimizasse os efeitos da subnotificação dos acidentes e das doenças do trabalho e os benefícios obtidos com a sonegação de informações ao INSS.

Os estudos aplicando fundamentos estatísticos e epidemiológicos, mediante o cruzamento dos dados de código da Classificação Internacional de Doenças — CID-10 — e do código da Classificação Nacional de Atividade Econômica — CNAE —, permitiram a identificação de forte associação entre agravos e as atividades desenvolvidas pelo trabalhador.

Para viabilizar a aplicação da nova ferramenta de trabalho, a Lei n. 10.430/2006 introduziu alteração na Lei n. 8.213/91 no art. 21-A, para que a perícia médica do INSS possa constatar a ocorrência de **nexo técnico epidemiológico entre o trabalho e o agravo** decorrente da relação entre a atividade da empresa e a entidade mórbida motivadora da incapacidade elencada na Classificação Internacional de Doenças — CID —, em conformidade com o que dispuser o regulamento.

A partir da implementação do NTEP, a perícia médica passa a adotar três etapas sequenciais e hierarquizadas para a identificação e caracterização da natureza da incapacidade — se acidentária ou não acidentária (previdenciária).

As três etapas são:

1. identificar a ocorrência de Nexo Técnico Profissional ou do Trabalho (NTP/T), verificando a existência da relação "agravo exposição" ou "exposição agravo" (Listas A e B do Anexo II do Decreto n. 6.042/2007);

2. identificar a ocorrência de Nexo Técnico Epidemiológico Previdenciário (NTEP), averiguando o cruzamento do código da CNAE com o código da CID-10 e a presença na matriz do NTEP (publicada na Lista B do Anexo II do Decreto n. 6.042/2007);

3. identificar a ocorrência de Nexo Técnico por Doença Equiparada a Acidente do Trabalho (NTDEAT), que implica a análise individual do caso, mediante o

cruzamento de todos os elementos levados ao conhecimento do médico-perito da situação geradora da incapacidade e a anamnese.

A ocorrência de qualquer um dos três nexos importará na concessão de um benefício de natureza acidentária. Caso contrário, o benefício será classificado como previdenciário.

Dessa forma, as doenças ocupacionais passaram a ser adotadas como o gênero mais próximo e mais abrangente em relação às duas espécies de patologias (profissionais e do trabalho).

Considerando-se que em diversos países, como em Portugal, adotou-se dupla designação (acidente de trabalho e doenças profissionais) e, no Brasil, utiliza-se formulação integrada de riscos profissionais, aplicando-se o mesmo regime jurídico, ao equiparar as doenças ocupacionais a acidente de trabalho, para efeito de sistematização, adota-se, doravante, a designação brasileira: doenças ocupacionais.

Capítulo 3
Principais Danos Causados por Doenças Ocupacionais

3.1. Lesões por Esforço Repetitivo (LER)/Distúrbios Osteomusculares Relacionados ao Trabalho (Dort)

As vicissitudes em curso no mundo do trabalho, decorrentes da introdução de novos modelos organizacionais e de gestão, têm repercussões ainda pouco conhecidas sobre a saúde do trabalhador, relacionadas ao trabalho, caracterizadas pela ocorrência de vários sintomas concomitantes ou não, tais como dor, parestesia, sensação de peso, fadiga de aparecimento insidioso, geralmente nos membros superiores, que compõem o grupo de *Doenças do Sistema Osteomuscular e do Tecido Conjuntivo Relacionadas ao Trabalho*, representadas por dois extremos da patologia ocupacional: doenças antigas, praticamente inexistentes na atualidade, como a gota induzida pelo *chumbo*, a fluorese do esqueleto, a osteomalacia, de um lado, e, de outro, o grupo Dort, também conhecidas como LER ou *Cumulative Trauma Disorders* (CTD), *Repetitive Strain Injury* (RSI), *Occupational Overuse Syndrome* (OOS) e *Occupational Cervicobrachial Diseases* (OCD), dependendo da relação com a história do processo de reconhecimento da doença como ocupacional nos diferentes países.

A tendência mundial no meio científico atual[22] é substituir as antigas denominações por *Work Related Musculoskeletal Disorders* (WRMD), traduzido no Brasil

---

(22) Vicente Pedro Romano relata que no 25º Congresso Internacional de Medicina do Trabalho, realizado de 15 a 20 de setembro de 1996, em Estocolmo, Suécia, vários temas foram relatados e discutidos, dentre os quais a LER, cuja proposta inicial referiu-se à denominação, baseada nos autores norte-americanos, como *Work Related Musculoskeletal Disorders* com a sigla WRMD; traduzido para o português seria Distúrbio Musculoligamentoso Relacionado ao Trabalho ou DMRT, em cuja etiologia deveriam ser considerados os chamados fatores biomecânicos: a) força excessiva exigida dos membros superiores ao desempenhar uma atividade; b) adoção de postura incorreta no desempenho de sua atividade; c) exigência de alta repetitividade na execução de uma atividade; d) compressão mecânica das estruturas musculotendinosas dos membros superiores durante o desempenho de sua atividade; e) insuficiência do tempo para a recuperação das lesões; f) vibração presente produzida por ferramentas durante a operação; g) ao conjunto, deve-se adicionar, como coadjuvantes do processo, os fatores psicossociais (estresse etc.). Finalmente, foram sugeridos alguns procedimentos padronizados para os exames, a fim de obter uma conclusão diagnóstica: a) *termografia* para medir o grau de inflamação pela captação da temperatura dos tecidos pressupostamente lesados; b) medir a variação de frequência cardíaca ocorrida durante o exame físico na existência de uma dor forte; c) *eletroneuromiografia* acoplada a um goniômetro (medidor de ângulos) que permita a avaliação da intensidade da força e de posição incorreta dos membros superiores durante uma determinada tarefa; d) medir a posição do túnel de carpo, particularmente, durante a extensão do punho. ROMANO, Vicente Pedro. *Doenças Ocupacionais...*, p. 154-158.

como Distúrbios Osteomusculares Relacionados ao Trabalho (Dort), conforme normas atualizadas adotadas pelo MTE (Ministério do Trabalho e Emprego), embora o uso do termo LER permaneça nas obras pesquisadas, como referência bibliográfica.

Os registros de vários países, como Inglaterra, países escandinavos, EUA e Austrália, demonstram o alto contingente de trabalhadores atingidos pela LER/Dort, sendo que em alguns deles viveram epidemias dessa doença, provocando uma mudança no conceito tradicional de que o trabalho pesado, que envolve o esforço físico, é mais desgastante que aquele, leve, envolvendo a atividade mental, com sobrecarga de membros superiores e relativo gasto de energia.

Estudos realizados nos Estados Unidos[23] demonstram que cerca de 65% de todas as patologias registradas como ocupacionais são de LER/Dort, sendo que nas empresas com mais de 11 empregados do setor privado a incidência da patologia é de 10 por 10 mil homens.

Segundo dados do *Bureau of Labor Statistics of USA*[24], em 1994, houve 320 mil ocorrências do chamado trauma por esforço repetitivo, apenas no setor industrial norte-americano.

Diversas atividades, que guardam relação horas trabalhadas/ano, podem determinar incidência mais alta em alguns setores, notadamente, que exigem do trabalhador uso de força e de repetição comum em linhas de produção de frigoríficos, em bancos, em videoterminais, em caixas de supermercado, em seções de empacotamento, entre outras.

Em Portugal[25], os indicadores do CNPCRP (Centro Nacional de Protecção Contra Riscos Profissionais) apontam três principais doenças:

• doenças músculoesqueléticas (nomeadamente, tendinites e paralisias);

• surdez; e

• doenças cutâneas (dermites de contato, dermatoses ou dermatites).

O índice codificado de doenças profissionais e a lista das doenças profissionais revista pelo Decreto Regulamentar n. 6/2001, de 5 de maio[26], levou em conta

---

(23) Dados retirados do "Manual de procedimentos para os serviços de saúde — doenças relacionadas ao trabalho", editado pelo Ministério da Saúde do Brasil, Representação no Brasil da OPAS/OMS, Série A. *Normas e Manuais Técnicos*, n. 114, Brasília-DF: Editora MS, 2001. p. 426.

(24) Dados retirados da obra de MICHEL, Oswaldo. *Acidentes do trabalho e doenças ocupacionais*. 2. ed. ampl. São Paulo: LTr, 2001. p. 305.

(25) Cf. QUINTAS, Paula. *Manual de direito da segurança, higiene e saúde no trabalho*. Coimbra: Almedina, 2006. p. 213.

(26) 4. Doenças provocadas por agentes físicos
45 – Causados por agentes mecânicos:

a alteração do regime jurídico dos acidentes de trabalho e doenças profissionais, operada pela Lei n. 100/97, de 13 de setembro, e pelo Decreto-lei n. 248/99, de 2 de julho, bem como a análise comparativa com listas oficiais de vários países, a lista proposta pela União Europeia e a evolução das ciências médicas no período temporal decorrido desde a lista editada em anexo ao Decreto Regulamentar n. 12/80, de 8 de maio.

No Brasil, a partir de 1987, quando a doença passou a ser reconhecida como ocupacional pela Previdência Social, os registros de casos aumentam a cada ano, passando a ser a mais prevalente entre as doenças ocupacionais[27].

Em 6 de agosto de 1987, atendendo à reivindicação dos sindicatos, o Ministério da Previdência Social brasileira publicou a Portaria n. 4062, que reconheceu a tenossinovite do digitador como doença ocupacional. Embora utilize a expressão tenossinovite do digitador, estende a possibilidade do acometimento de outras categorias profissionais que "exercitam os movimentos repetidos dos punhos".

No aspecto preventivo, em 23 de novembro de 1990, o Ministério do Trabalho publicou a Norma Regulamentadora n. 17[28], que fixa normas e limites para as empresas onde há postos de trabalho que exigem esforços repetitivos com ritmo acelerado, e passou a exigir posturas adequadas.

45.01 – Pressão sobre bolsas sinoviais devida à posição ou atitude de trabalho (bursite aguda, pré ou infrapatelar, bursite crônica, pré ou infrapatelar, olecraniana, acromial).

45.02 – Sobrecarga sobre bainhas tendinosas, tecidos peritendinosos, inserções tendinosas ou musculares, devida ao ritmo dos movimentos, à posição ou atitude de trabalho (tendinites, tendossinovites e miotendossinovites crônicas, periartrite escápulo-humeral, condilite e epicondilite, estiloidite).

45.03 – Pressão sobre nervos ou plexos nervosos devido à posição ou atitude de trabalho (paralisias).

45.04 – Pressão sobre cartilagem infra-articular do joelho devida à posição de trabalho (lesão do menisco).

(27) Cfr. Estatística no *site*: <www.previdencia.gov.br>.

(28) 17.6.4 Nas atividades de processamento eletrônico de dados deve-se, salvo o disposto em convenções e acordos coletivos de trabalho, observar o seguinte:

a) o empregador não deve promover qualquer sistema de avaliação dos trabalhadores envolvidos nas atividades de digitação, baseado no número individual de toques sobre o teclado, inclusive o automatizado, para efeito de remuneração e vantagens de qualquer espécie; (C = 117.032-5/I =3)

b) *o número máximo de toques reais exigidos pelo empregador não deve ser superior a 8.000 por hora trabalhada, sendo considerado toque real, para efeito desta NR, cada movimento de pressão sobre o teclado;* (C = 117.033-3/I = 3)

c) o tempo efetivo de trabalho de entrada de dados não deve exceder o limite máximo de 5 (cinco) horas, sendo que, no período de tempo restante da jornada, o trabalhador poderá exercer outras atividades, observado o disposto no art. 468 da Consolidação das Leis do Trabalho, desde que não exijam movimentos repetitivos, nem esforço visual; (C = 117.034 – 1/I = 3)

d) nas atividades de entrada de dados deve haver, no mínimo, uma pausa de 10 minutos para cada 50 minutos trabalhados, não deduzidos da jornada normal de trabalho; (C = 117.035 – 0/I = 3)

e) quando do retorno ao trabalho, após qualquer tipo de afastamento igual ou superior a 15 (quinze) dias, a exigência de produção em relação ao número de toques deverá ser iniciada em níveis inferiores ao máximo estabelecido na alínea "b" e ser ampliada progressivamente. (C = 117.036 – 8/I = 3)

Para efeito técnico, considera-se movimento repetitivo a exigência pelo empregador, de número superior a 8 mil toques reais por hora trabalhada (limite máximo permitido). Toque é cada movimento de pressão sobre o teclado.

Em 1991, o então Ministério Unificado do Trabalho e da Previdência Social publicou a Norma Técnica de LER, que incorporava conhecimentos de literatura e da prática dos profissionais de saúde do país, incluindo várias entidades neuro--ortopédicas como LER e ampliando as categorias profissionais passíveis de acometimento.

No entanto, se há uma distância entre o conhecimento e a legislação, há leis que são cumpridas e outras simplesmente ignoradas.

Neste caso, não obstante a Portaria n. 4062, citada anteriormente, e a Norma Técnica de 1991, na prática somente os digitadores conseguiam ter seus casos reconhecidos como doenças ocupacionais no Brasil.

Assim, em 1992, após eventos públicos de informações e discussões, as Secretarias de Estado da Saúde de São Paulo e de Minas Gerais publicaram a Norma Técnica sobre LER, cuja elaboração envolveu a sociedade civil, representantes de trabalhadores, empregadores, poder público e universidades.

Essa Norma Técnica teve o grande mérito de ter envolvido amplos setores sociais na sua elaboração e ter sido o resultado de um "consenso social".

Em 1993 a Previdência Social atualizou sua Norma de 1991, incorporando conceitos consensuais que foram estabelecidos para ampliar a cobertura aos acometidos.

Mas a Previdência Social, com o objetivo nítido de conter ou até mesmo cortar gastos, iniciou em 1996 uma revisão da norma técnica sobre a LER de 1993, constituindo uma comissão exclusivamente de médicos oriundos da perícia do INSS e do Setor Saúde e Trabalho da univerdade; somente após protesto do movimento sindical, efetuou abertura que permiticou a participação de representantes da Previdência Social, do Ministério do Trabalho/Delegacia Regional de São Paulo, Fundacentro, Ministério da Saúde/Centro de Referência em Saúde do Trabalhador da Secretaria de Estado da Saúde de São Paulo, Central Única dos Trabalhadores e Unicamp.

A Ordem de Serviço/INSS n. 606, versão publicada no dia 20 de agosto de 1998, aprovou a norma técnica sobre Dort e contém duas seções:

1. a primeira atualiza cientificamente o assunto e, apesar de trazer informações importantes em algumas partes, denuncia uma espécie de "colagem de textos", traduzida nas contradições intrínsecas do seu corpo;

2. a segunda seção trata dos benefícios propriamente ditos e critérios de concessão, mas, ao contrário da primeira, foi escrita exclusivamente pela Previdência Social, que manteve o texto, a despeito de muitos protestos e sugestões de alterações enviadas.

Em linhas gerais, a Norma Técnica em vigor, sob forma de ordem de serviço, cria obstáculos para a notificação de casos iniciais e cria critérios mais restritos para a concessão de benefícios, contradizendo, em alguns itens, a própria legislação.

Esse padrão se repete nas normas técnicas de Benzeno, Pair e pneumoconioses, revistas no mesmo período, e está em acordo com a reforma previdenciária em curso no país.

Os dados disponíveis são apenas aqueles divulgados pelo MPAS e apontam que as LER/DORT são a causa de cerca de 70% dos 62 mil diagnósticos que resultaram em concessão de doenças ocupacionais registrados entre 2001 e 2003, dos quais deixam inválidos, em média, 5 mil trabalhadores por ano, como também pode ser observado na casuística atendida nos CRST na rede pública de serviços de saúde[29].

Os números já seriam alarmantes, se observados apenas os registros de doenças ocupacionais, instrumento cada vez mais desconsiderado pelos estudiosos de segurança do trabalhador, por causa da subnotificação crônica, da inclusão apenas da força de trabalho que possui contrato regular, excluindo os servidores públicos e os trabalhadores informais, que respondem por mais de 50% da população economicamente ativa (PEA).

Contrariamente às previsões feitas na década de 1980, a incidência vem aumentando nos países industrializados, atribuindo-se a diversos fatores, a saber:

- organização do trabalho que privilegia o paradigma de alta produtividade;
- qualidade do produto em detrimento da preservação do trabalhador;
- inflexibilidade e alta intensidade de ritmo;
- grande quantidade e alta velocidade de movimentos repetitivos;
- falta de autocontrole sobre o modo e o ritmo de trabalho;
- mobiliário e equipamentos ergonomicamente inadequado.

O estigma criado em torno da LER/Dort contribui para que o paciente tenha receio de recorrer à assistência médica — quando o faz é porque se encontra com dificuldade de manter o ritmo laboral — e de enfrentar o afastamento do trabalho, com significativa perda econômica, no mais das vezes.

As formas clínicas mais conhecidas de lesões são:

1. *sinovites e tenossinovite:* doenças inflamatórias que comprometem as bainhas tendíneas e os tendões. O principal sintoma no quadro clínico é a dor, que leva à procura da assistência médica. É comum a dor ser desencadeada ou

---

(29) NUSAT. *Relatório anual do Núcleo de Referência em Doenças Ocupacionais da Previdência Social.* Belo Horizonte, 1991-1998.

agravada pelos movimentos repetitivos e, nas fases iniciais, costuma ser aliviada pelo repouso. O quadro clínico varia com o segmento atingido e recebe denominações específicas:

1.1. *Sinovite*: inflamação dos sinoviais. Termo de ampla abrangência, aplicável a todo e qualquer processo inflamatório que acometa tecidos sinoviais articulares, intermusculares ou peritendinosos, em qualquer local do corpo, com ou sem degeneração tecidual;

1.2. *Tenossinovite*: inflamação dos tecidos sinoviais que envolvem os tendões em sua passagem por túneis osteofibrosos, polias e locais em que a direção da aplicação da força é mudada. O termo é utilizado nos processos inflamatórios de qualquer etiologia que acometam esses tecidos, com ou sem degeneração tecidual. Pode desenvolver-se em qualquer localização em que um tendão passe através de uma capa ou de um conduto osteoligamentoso, como a *tenossinovite digital estenosante* ou *dedos de gatilho*. Encontra-se frequentemente em trabalhadores que realizam movimento de fechar os dedos, como carimbar e grampear, acompanhados de movimentos repetitivos e por longos períodos, que provoca a compressão da bainha tendinosa, geralmente associada à face áspera do tendão, resultando no *deficit* do deslizamento macio normal do tendão em sua bainha, acometendo o tendão do plexo superficial dos dedos das mãos. O uso constante do polegar, geralmente, por pessoas que trabalham em escritórios, arquivando documentos ou digitando ou escrevendo a mão, leva a apresentar a *tenossinovite do estiloide radial* (de *Quervain*) decorrente da inflamação dos tendões que passam pelo punho no lado do polegar, dificultando o movimento tanto do polegar, como do punho.

2. *Tendinite*: são inflamações do tecido próprio dos tendões, com ou sem degeneração de suas fibras. O termo é aplicável a todo e qualquer processo inflamatório dos tendões, em qualquer parte do corpo. Quando atinge músculos que possuem cobertura ou bainha sinovial, o processo inflamatório é denominado *tenossinovite*; quando não a possuem, é chamado de *tendinite*.

3. *Fasciites* são inflamações de fáscias e de ligamentos com ou sem degeneração de suas fibras. O termo é aplicável a todo e qualquer processo inflamatório que atinja ligamento ou fáscia em algum lugar do corpo.

4. *Miosite*: inflamação dos músculos.

5. *Epicondilite lateral ou medial*: são inflamações agudas ou crônicas que acometem a inserção de tendões (enteses) em epicôndilo medial onde se fixam, especialmente os extensores (cotovelo do jogador de golfe) ou epicôndilo lateral, onde se fixam os flexores (cotovelo de tenista), desencadeadas por movimentos repetitivos de punho e dedos, com flexão brusca ou frequente, esforço estático e preensão prolongada de objetos, principalmente com punho estabilizado em flexão ou pronação. A dor pode irradiar-se para o ombro e a

mão. Pode ser difusa e atingir o terço proximal do antebraço. A articulação do cotovelo permanece livre, mas, frequentemente, há hipertonia da musculatura que se encontra com volume aumentado e sensível à apalpação. A lesão que atinge a musculatura dos flexores é mais frequente no caso de LER. É fácil a lesão tornar-se crônica, que se agrava e recidiva com retorno aos movimentos repetitivos e forçados;

6. *Bursite:* são inflamações agudas ou crônicas das bursas (bolsa ou cavidade em forma de bolsa, que contém líquido viscoso, situada em locais que, sem a sua presença, ocorreria atrito). Podem ser associadas a exigências ocupacionais prolongadas ou como sequelas de traumatismos eventuais, pois a articulação do ombro é a mais diferenciada do aparelho locomotor, em relação aos seus movimentos, com ampla liberdade, mas pouco poder de contenção mioligamentar. Tais inflamações causam inúmeras queixas dolorosas atribuídas a traumatismos resultantes de distorções, entorses, estiramento de partes moles justa-articulares. A inflamação mais comum é a do supraespinhoso, que, em razão da quantidade de movimentos que realiza, sofre microtraumas repetidos, podendo chegar à degeneração progressiva e necrose do tendão do manguito rotator (grupo de músculos responsáveis pela rotação externa do braço e sua abdução), causando, inclusive, a ruptura parcial do músculo e, nas formas agudas, a impossibilidade de movimentos com o braço devido à dor. O quadro doloroso não se restringe ao ombro e pode atingir partes do membro, região da espádua e do pescoço, que se apresentam como: *Sinovite crepitante crônica da mão e do punho, Bursite da mão e Bursite do cotovelo (do olécrano).*

7. *Síndrome do túnel de carpo e pronador:* compressão do nervo mediano em sua passagem pelo canal ou túnel do carpo, associada a tarefas que exigem alta força e/ou alta repetitividade. Afetam, com mais intensidade, os profissionais que usam os teclados do computador, que lidam com caixas registradoras, os telegrafistas, as costureiras, os açougueiros e os trabalhadores em abatedouros de aves ou linha de montagem. A síndrome do pronador atinge a região tenar e a polpa do polegar, o indicador médio e o lado radial do anular, causada por movimentos repetitivos de pronossupinação, hipertrofia muscular, variante anatômica.

A maior visibilidade que o problema tem, hoje, deve-se, além do aumento real da frequência, a uma divulgação sistemática pela mídia, à ação política de sindicatos de trabalhadores das categorias mais afetadas e à atuação dos serviços especializados ou Centros de Referência de Saúde do Trabalhador (CRST), no diagnóstico e registro de novos casos e sua relação com o trabalho.

A literatura mostra-nos que não há uma causa única e determinada para a ocorrência de LER/Dort, pois vários fatores existentes no trabalho atuam concorrentemente, com destaque para a repetitividade de movimentos, manutenção de posturas inadequadas por tempo prolongado, esforço físico, invariabilidade de tarefas, pressão mecânica sobre determinados segmentos, trabalho muscular estático, choques e impactos, vibração, frio e fatores organizacionais.

Os sintomas de LER/Dort são múltiplos e diversificados, mas podem-se destacar:

- dor espontânea ou à movimentação passiva, ativa ou contrarresistência;

- alterações sensitivas de fraqueza, cansaço, peso, dormência, formigamento, sensação de diminuição, perda ou aumento de sensibilidade, agulhadas, choques;

- dificuldades para o uso dos membros, particularmente das mãos, e, mais raramente, sinais flogísticos e áreas de hipotrofia ou atrofia.

Várias teorias são utilizadas para explicar o fenômeno do aumento ininterrupto.

A teoria psicossomática atribui a ocorrência de LER/Dort à interação entre *aparelhos psíquicos atípicos* e atividades repetitivas. Há quem acredite que a ocorrência seria a expressão de conflitos psíquicos de personalidades histéricas, enquanto outros afirmam que se trata de má intenção dos trabalhadores para obter compensações financeiras.

Todas as teorias que tentam explicar o surgimento do fenômeno expressam a tendência atualizada de considerar o adoecimento como consequência da interação do homem e seu meio, que consideram diversos fatores, dos quais podemos destacar:

1. fatores biomecânicos presentes na atividade;

2. fatores psicossociais relacionados à organização do trabalho;

3. fatores ligados à psicodinâmica do trabalho ou aos desequilíbrios psíquicos gerados em certas situações especiais de trabalho na gênese do processo de adoecimento.

O primeiro fator explicativo para a doença, a biodinâmica, diz respeito ao surgimento de problemas musculoesqueléticos relacionados ao trabalho, decorrentes das reações adversas do organismo em resposta às exigências biomecânicas da atividade, ao menos teoricamente, superiores à capacidade funcional individual. Para a ocorrência da hipótese, torna-se necessário quantificar as exigências mecânicas sobre os tecidos moles e observar as reações desses tecidos. Essas reações podem ser mecânicas, com variação do comprimento, volume ou ruptura das estruturas, ou fisiológicas, observadas as mudanças na vascularização, nutrição, concentração iônica e nas características do potencial de ação muscular.

A partir das evidências de desenvolvimento de síndromes dolorosas musculoesqueléticas em trabalhadores não expostos a tarefas com forte componente físico ou biomecânico, iniciou-se a investigação da influência de outros fatores, como os psicossociais presentes nos ambientes de trabalho, nos casos de adoecimentos. Os novos estudos permitem afirmar a importância da organização do trabalho para o desenvolvimento das lesões: a biodinâmica constitui fator de risco, dependendo das margens que a organização de trabalho deixa para que o indivíduo adeque sua atividade, podendo, assim, evitar a exposição ao fator biodinâmico. Além disso, os fatores individuais, os traços da personalidade e as marcas da vida que o trabalhador traz podem redimensionar os fatores de risco existentes no ambiente de trabalho.

Apesar de ainda não serem considerados conclusivos, os estudos sobre a associação entre os fatores psicossociais e os problemas osteomusculares dolorosos apontam que o limiar da dor pode estar relacionado com o modelo exigência-controle-suporte social.

Os trabalhadores submetidos a altos níveis de exigências psicológicas no trabalho e com poder de decisão têm um aumento do limiar da dor, enquanto pessoas com pequenas possibilidades de decisão no trabalho apresentam um limiar bem menor.

As constatações demonstram que, sob altos níveis de *stress,* há uma maior mobilização de energia, com supressão da sensibilidade dolorosa, que desencadeia uma série de probabilidades de desenvolver, a longo prazo, alterações nos tecidos musculoesqueléticos, uma vez ausente a dor como sinal de alerta; enquanto que o pouco poder de decisão contribui para o desenvolvimento da depressão, que explica o baixo limiar e o indivíduo mais sensível à dor.

Os estudos sobre os processos inflamatórios das estruturas musculoesqueléticas de origem psicossocial, embora escassos, não deixam margem à dúvida de que tais condições são importantes na determinação da capacidade individual de lidar com a doença, revelando-se, de modo particular, nas situações ou processos de reabilitação e reinserção no trabalho, após afastamento por problema de dor musculoesquelética.

Vale dizer que não há um curso linear no comportamento do indivíduo diante de um processo de dor, que também não possui estágios bem definidos, pois depende da interação de vários fatores, como a percepção de sintomas, sua interpretação, expressão e comportamento de defesa. Moon[30] resume:

- dor não é uma sensação simples, mas uma experiência sensorial e emocional complexa;

- dor aguda e crônica diferem-se fundamentalmente;

- dor que cursa com neurofisiologia central reflete componentes sensorial--discriminativo (localização e qualidade) e afetivo-emocional;

- os conhecimentos atuais em neurofisiologia permitem hipóteses ainda não completamente testadas;

---

(30) MOON, S. D. A psychosocial view of cumulative trauma disorders: implications for occupational health and prevention. In: MOON, S. D.; SAUTER, S. L. *Beyond biomechaics:* psychosocial aspects of musculoskeleta disorders in office work. London: Taylor & Francis. p. 109-143.

• a ausência de danos ou de lesões físicas não justifica a aceitação de que a dor seja menos real ou menos severa.

Nos casos concretos em que são mencionados fatores psicossociais em LER/Dort, dá a impressão de que algumas dores são irreais e que os pacientes fingem.

São comuns as queixas dos empregadores, no sentido de que os trabalhadores querem obter ganhos secundários quando se queixam de dores.

Mesmo nessas hipóteses, devem ser investigadas quais seriam as determinantes desse comportamento, pois, em muitos casos, a relação com o trabalho não é caracterizada porque não se realiza uma análise detalhada da situação.

Nem todas as patologias do grupo LER/Dort são confirmadas por testes específicos, mas somente aquelas em que o resultado da avaliação da função muscular é compatível com os encontrados nos exames físicos.

Quando esse processo não é direto, a ausência de sinais objetivos não autoriza o descarte da presença da doença se o paciente continua a queixar-se de dor intensa.

A investigação da origem das queixas pode expressar não somente a correspondência com as lesões teciduais objetivas, mas também a singularidade humana diante da dor, mediante uma situação difícil de trabalho ou por ser o resultado de um sofrimento maior.

Os fatores biomecânicos explicam lesões cumulativas que causam dor, disfunção e dano, mas a interpretação quando se investiga a relação com o trabalho, muitas vezes é controvertida.

A identificação de marcadores objetivos da doença ou dos desencadeadores dos sintomas depende de perícia, do entusiasmo e do conhecimento do examinador sobre a manifestação da doença e da limitação técnica propedêutica.

São fatores de risco importantes na caracterização da exposição:

• região anatômica exposta aos fatores de risco;

• intensidade dos fatores de risco;

• organização temporal da atividade, a exemplo da duração do ciclo de trabalho, distribuição das pausas ou estrutura de horários;

• tempo de exposição aos fatores de risco.

Os grupos de fatores de risco relacionados são:

1. *O grau de adequação do posto de trabalho à zona de atenção e à visão:* a dimensão do posto de trabalho pode forçar os trabalhadores a adotarem posturas ou métodos de trabalho que causam ou agravam as *lesões osteomusculares*;

2. *O frio, as vibrações e as pressões locais sobre os tecidos:* a pressão mecânica localizada é provocada por contato físico de cantos retos ou pontiagudos de um objeto ou ferramenta com tecidos moles do corpo e trajetos nervosos;

3. *as posturas inadequadas com três mecanismos que podem causar os distúrbios:* os limites da amplitude articular, a força da gravidade proporcionando uma carga suplementar sobre articulações e músculos, as lesões mecânicas sobre os diferentes tecidos;

4. *A carga osteomuscular entendida como a carga mecânica decorrente de fatores que a fluenciam:* tensão (por exemplo, do bíceps), pressão (por exemplo, sobre o canal do carpo), fricção (por exemplo, de um tendão sobre a sua bainha), irritação (por exemplo, de um nervo) e outros fatores como a receptividade, a duração da carga, o tipo de preensão, a postura do punho e o método do trabalho;

5. *A carga estática presente quando um membro é mantido numa posição que vai contra a gravidade:* nesses casos, a atividade muscular não pode se reverter a zero (esforço estático). A fixação postural, as tensões ligadas ao trabalho, sua organização e conteúdo são aspectos que servem para caracterizar a presença de posturas estáticas;

6. *A invariabilidade da tarefa:* a monotonia fisiológica e/ou psicológica;

7. *As exigências cognitivas:* causam um aumento de tensão muscular ou uma reação mais generalizada de estresse;

8. *Os fatores organizacionais e psicossociais relacionados ao trabalho:* são as percepções subjetivas que o trabalhador tem dos fatores de organização do trabalho, como considerações relativas à carreira, à carga, ao ritmo de trabalho, ao ambiente social e técnico do trabalho. A percepção psicológica que o indivíduo tem das exigências do trabalho é o resultado das características físicas da carga, da personalidade, das experiências anteriores e da situação social do trabalho.

Nota-se que apesar de mencionar os fatores psicossociais, a norma da Previdência Social não define os meios para caracterizá-los.

Objeto de estudos típicos, a LER/Dort, mesmo pela justificativa da multidisciplinariedade, na maioria das análises existentes, concentra-se basicamente em aspectos parciais ou específicos da etiologia da doença, reduzindo tanto abordagens mais amplas — inclusive em nível conceitual — quanto o seu entendimento das rápidas mutações por que vem passando o mundo do trabalho.

Abstraindo-nos de uma análise sobre as suas manifestações clínicas, pontua-se, no entanto, que, embora não sejam doenças recentes, as LER/Dort vêm, sem dúvida, assumindo um caráter epidêmico, sendo algumas de suas patologias crônicas e recidivas, ou seja, de terapia difícil, porque se renovam precocemente quando da simples retomada dos movimentos repetitivos, gerando uma incapacidade para a vida que não se resume apenas ao ambiente de trabalho.

Mesmo que vários fatores intervenham na formação das LER/Dort, sua determinação, em última instância, perpassa pela estrutura social, relacionando-se, sobretudo, com as mudanças em curso na organização do trabalho e secundariamente com as inovações tecnológicas peculiares à reestruturação produtiva.

E mais: sob as relações de gênero, o seu acometimento quantitativo maior expressa-se, sobretudo, através da mulher trabalhadora, fato diretamente relacionado não a uma "suposta" propensão biológica, mas, como veremos, ao papel e à forma de inserção da mulher nas divisões social e sexual do trabalho.

Por outro lado, a expansão dos casos de LER/Dort vem a acarretar, pelos números ascendentes de benefícios pleiteados ou concedidos, fortes impactos no sistema de previdência pública, ainda adotado, mesmo que parcialmente, em diversos países e, por conseguinte, na distribuição do ônus para o conjunto da sociedade, ganhando cada vez mais relevância o processo de reinserção laboral e de convivência com eventuais limitações, que, além de extremamente complexa, deve levar em conta vários fatores, entre os quais:

- natureza e extensão da lesão ou adoecimento: no caso das LER/Dort, é um processo de adoecimento insidioso, carregado de simbologias negativas sociais, sofrimento, com muitas incertezas, ansiedades, medos;

- precocidade do diagnóstico e do início do tratamento: na prática não se faz diagnóstico precoce de LER/Dort. A fase inicial, de incômodo e fadiga, muitas vezes sem dor ou apenas com dor esporádica, não é percebida e valorizada pelo paciente. Essa percepção depende de informações e real espaço social para se revelar. Muitas vezes, ao procurar o médico, o profissional não valoriza os primeiros sintomas, não dá informações nem desencadeia um processo de análise daquele posto de trabalho;

- duração e qualidade do tratamento: quanto menos precoce o diagnóstico e mais tardio for o início do tratamento, este durará mais tempo e mais difícil será a reabilitação. E a grande maioria dos trabalhadores tem acesso a tratamentos padronizados e de má qualidade, o que diminui a possibilidade de uma reabilitação;

- precocidade do processo de reabilitação: o início da reabilitação se dá com o tratamento, não existindo limite entre os dois processos;

- fixação de metas e grau de recuperação física e emocional do paciente: é preciso estabelecer metas conjuntas, a curto prazo e, junto a esse processo de tratamento/reabilitação, definir concomitantemente o momento de retornar à empresa;

- alargar o conceito de incapacidade: um fenômeno relacionado à noção de "incapacidade", assim como vem sendo abordada (incapacidade como noção abstrata, que não atenta às funções para as quais determinado trabalhador está incapacitado), é a percepção que o trabalhador acaba tendo sobre sua própria situação; acaba achando-se "inválido", "incapaz" para desenvolver qualquer atividade, o que dificulta ainda mais o já conturbado processo de reabilitação profissional.

A mudança do conceito de "incapacidade em abstrato" para "incapacidade parcial" contribuiria, de modo decisivo, para modificar a relação que o paciente estabelece com sua nova condição, facilitando o processo de reabilitação.

Toda a estrutura hierárquica da empresa deve estar "sensibilizada" com a política de prevenção, pois uma situação é reabilitar um trabalhador com amputação da mão e outra, bem diferente, é a reabilitação de dezenas e centenas de trabalhadores na mesma empresa, ao mesmo tempo.

A experiência mostra que trabalhadores de determinadas empresas "produtoras de LER/Dort" não conseguem se reinserir no mercado de trabalho, ou porque essas empresas são conhecidas de todos, ou porque a carteira está marcada com o "carimbo", ou seja, anotação do evento pelo órgão previdenciário.

A situação é tão grave que, se antes uma montadora de componentes eletrônicos com experiência era preferida, atualmente é preterida, mesmo sem história anterior de LER/Dort. Isto porque as empresas receiam que o problema acabe "estourando em suas mãos".

O benefício do auxílio-doença é o único recurso que resta ao trabalhador, que, por medo de perder a vaga para os cerca de 1,6 milhões de desempregados[31] — atualmente estimado na população economicamente ativa, apenas nas grandes metrópoles brasileiras —, acaba aguentando a dor, mas perde em produtividade; com isso, é demitido e recorre à securidade social, já em condições piores, pois o mal se agravou.

As estatísticas de acidente de trabalho[32] continuam subdimensionadas, mas as de auxílio-doença só fazem aumentar.

---

(31) Dados extraídos do *site* www.ibge.gov.br acessado em 11.05.2011, que demonstra a PEA (População Economicamente Ativa) estimada em 22,3 milhões e desempregados (desocupados) em 1,5 milhões (6,5%), em março/2011, no agregado das seis regiões (Rio de Janeiro, São Paulo, Belo Horizonte, Recife e Porto Alegre).

(32) Em 2009, foram registrados 723.452 acidentes e doenças do trabalho, entre os trabalhadores assegurados da Previdência Social. O número é alarmante e ainda não inclui os trabalhadores autônomos (contribuintes individuais) e as empregadas domésticas. Esses eventos provocam enorme impacto social, econômico e sobre a saúde pública no Brasil. Entre esses registros contabilizaram-se 17.693 doenças relacionadas ao trabalho, e parte desses acidentes e doenças tiveram como consequência o afastamento das atividades de 623.026 trabalhadores devido à incapacidade temporária (302.648 até 15 dias e 320.378 com tempo de afastamento superior a 15 dias), 13.047 trabalhadores por incapacidade permanente, e o óbito de 2.496 cidadãos. Dados extraídos do *site*: <www.mpas.gov.br>. Acesso em: 11 maio 2011.

Mário César Ferreira[33], doutor em ergonomia do Instituto de Psicologia da Universidade de Brasília (UnB), afirma que, à medida em que o trabalhador vai se sentindo incapacitado, excluído, inicia o que os psicólogos denominam de vivência depressiva, porta de entrada para a depressão, um sentimento de tristeza, de desespero, que, em conjunto e de forma combinada, avança para síndrome do pânico, ansiedade, quando o trabalhador percebe que terá que reduzir sua atividade ou afastar-se definitivamente do trabalho.

Entre os pacientes de LER atendidos pela ABBR[34], 60% estão deprimidos.

A OMS (Organização Mundial de Saúde) estima que 30% dos trabalhadores ocupados são acometidos por transtornos mentais menores, dentre eles os episódios depressivos, outra espécie de reação psíquica às situações de trabalho patogênicas, o que será analisado em tópico específico.

3.2. Doenças do ouvido relacionadas ao trabalho

O som é um agente físico resultante da vibração de moléculas do ar e que se transmite como uma onda longitudinal, uma forma de energia mecânica, captado e transformado em impulso elétrico pelo receptor periférico sensível do corpo (orelha).

Os danos no ouvido interno decorrem da exposição a substâncias neurotóxicas e fatores de risco de natureza física, como ruído, pressão atmosférica, vibrações e radiações ionizantes.

Nem toda onda sonora evoca sensação auditiva, pois esse aparelho humano consegue detectar variações de pressão do ar numa faixa de 0,00002 a 200 Newton/m^2, no limiar de audibilidade de frequências, que é de 16 a 20 mil Hz.

Ruído é uma palavra derivada do latim *rugitu*, que significa estrondo.

Acusticamente é constituído por várias ondas sonoras, com relação de amplitude e fase distribuídas anarquicamente, provocando uma sensação desagradável, diferente da música.

O ruído pode ser contínuo, ou seja, não há variação do nível de pressão sonora nem do espectro sonoro; de impacto ou impulsivo, que são ruídos de alta energia e que duram menos de um (1) segundo (ISO 1973a).

A mensuração do ruído pode ser realizada através de dosímetros. Esses aparelhos estimam o nível equivalente de energia (Leq) que atinge o indivíduo durante o período de medição, que poderá variar de minutos até a jornada de trabalho integral.

---

(33) Edição do Jornal *O Globo* de 7.4.2005: "Distúrbios mentais são a segunda doença do trabalho, diz pesquisadora da UnB".

(34) Em 2010, a entidade prestou 716.197 atendimentos no Centro de Reabilitação, que integra os serviços na Unidade de Fisiatria de Pequenas Incapacidades, prestados por fisiatras, ortopedistas e reumatologistas em serviços oferecidos de RPG (reeducação postural global), cinesioterapia motora, drenagem linfática, acupuntura, hidroterapia, eletroterapia e Pilates terapêutico, tendo como objetivo final a melhora da função e prevenção de deformidade, visando à integração do paciente no seu meio social, familiar e laboral. Fonte: <www.abbr.org.br>. Acesso em: 9 maio 2011.

Estudos populacionais preliminares demonstraram que o ruído industrial apresenta níveis médios de exposição que variam de 90 dB Leq 8h, com desvio de aproximadamente 5 dB (Hetu, Quoc, Duguay, 1990[35]), constituindo um parâmetro para se realizarem projeções.

As *doenças otorrinolaringológicas relacionadas ao trabalho* são causadas por agentes ou mecanismos irritativos, alérgicos e/ou tóxicos.

Embora a *Perda Auditiva Induzida pelo Ruído (Pair)* seja uma doença de alta incidência entre os trabalhadores nos países industrializados, incluindo-se o Brasil, onde atinge proporções endêmicas, os estudos sobre a sua história natural são escassos, principalmente em nosso meio.

Essa escassez faz com que se importe o conhecimento sobre a prevenção e evolução da lesão dos centros mais avançados.

Nos países desenvolvidos, como os Estados Unidos e os europeus, os trabalhos na área receberam grande incentivo devido ao alto custo social e econômico que passaram a acarretar às indústrias na década de 1940, em razão dos constantes processos judiciais e indenizatórios, elevando o número de estudos clínicos e pesquisas durante períodos de exposição diária e níveis sonoros seguros para não desencadear a lesão auditiva.

Utilizando a média de limiares auditivos medidos de 100, 2 mil e 3 mil Hz em trabalhadores nos Estados Unidos, a OSHA estimou que 17% dos trabalhadores de produção no setor industrial do país apresentavam, no mínimo, algum dano auditivo leve.

Na Itália, há cerca de dez (10) anos, a Pair é a doença ocupacional mais registrada, sendo 53,7% das doenças ocupacionais relacionadas ao trabalho[36].

Revisando conceitos históricos sobre a doença, verificam-se nos trabalhos científicos publicados até 1890 apenas descrições e observações clínicas.

A utilização do audiômetro por Fowler (1928) marcou o início de investigações que deu origem à famosa Tabela Homônima, adotada pela legislação trabalhista brasileira, através da Portaria MTb n. 3214, de 8.6.1978.

Mocellin (1951)[37] estuda vários casos de trabalhadores metalúrgicos expostos ao ruído, analisa-os sob o aspecto clínico e auditivo, mas não se limita à constatação da lesão, como também em prevenir, de alguma forma, o dano: testa o uso de algodão

---

(35) HETU, R.; QUOC, H.T.; DUGUAY, P. The likelihood of detecting a significant hearing threshold shift among noise-exposed workers subject to annual audiometric testing. In: *Ann. Occup. Hyg*, 34:361-370, 1990.

(36) Dados extraídos do *Manual de procedimentos para serviço de saúde...*, p. 251.

(37) MOCELLIN, L. *Profilaxia dos traumatismos sonoros na surdez profissional*. Tese para concurso à livre docência da cadeira de clínica otorrinolaringológica da Faculdade de Medicina da Universidade do Paraná, Curitiba, 1951.

vaselinado introduzido no conduto auditivo externo dos trabalhadores durante a jornada de trabalho e retesta-os audiometricamente após seis dias do uso, concluindo que houve melhora dos limiares. Conclui, também, que a legislação pertinente é ferramenta fundamental como meio de conscientizar os trabalhadores e empregadores. Coloca como profilaxia da doença a necessidade de as autoridades governamentais criarem um órgão técnico, "a fim de pesquisar e prevenir a referida hipoacusia", a atualização legislativa específica e a possível validade do uso de protetores auriculares durante a jornada.

A Portaria MTb (atual Ministério do Trabalho e Emprego do Brasil) n. 3.214 de 8.6.1978 constitui grande avanço na prevenção das doenças ocupacionais: inclui as disacusias sensorioneurais ocupacionais por ruído; através da NR-7, estabelece obrigatoriedade dos exames audiométricos admissionais, periódicos e demissionais, sempre que o ambiente de trabalho apresentar níveis de pressão sonora superiores a 85 dBA em 8 horas de exposição diária, estabelece limites de exposição e diferencia ruídos contínuos e impulsivos; na NR-15 define também os critérios ambientais que caracterizam o trabalho considerado insalubre por exposição ao ruído.

Relatado por Seligman e Ibañez[38], 1993, a exposição crônica ao ruído produz deterioração auditiva lenta, progressiva e irreversível, com características de disacusia neurossensorial geralmente simétrica. O paciente pode se queixar de *tinnitus* (zumbido), hipoacusia, fadiga, queda do rendimento laboral, alterações neurovegetativas, estresse, e fica sujeito a inúmeras enfermidades orgânicas.

As diretrizes e parâmetros para a avaliação e o acompanhamento dos trabalhadores acometidos pela Pair estão estabelecidos na Portaria MTE n. 19/1998, que alterou o Quadro II, da NR-7, do PCMSO.

Quanto às doenças decorrentes da exposição a atividades e operações que exponham os trabalhadores às vibrações localizadas ou de corpo inteiro, são considerados os LT definidos pela Organização Internacional de Normalização (ISO), em suas normas ISO 2.631 e ISO/DIS 5.349 ou em suas substitutas, conforme Anexo n. 8 da NR-15.

A Ordem de Serviço n. 608/1998 estabelece normas técnicas sobre *perda auditiva neurossensorial por exposição continuada a níveis elevados de pressão sonora de origem ocupacional*.

A Portaria do Ministério da Saúde do Brasil n. 1.339/1999 lista as doenças do ouvido relacionadas ao trabalho:

1. *Otite média não supurativa* (barotrauma do ouvido médio – H65.9): conjunto de manifestações decorrentes de alterações súbitas da pressão do ar ambiental, produzindo uma redução absoluta ou relativa da pressão no ouvido médio,

---

(38) SELIGMAN, J.; IBANEZ, R. N. Considerações a respeito da perda auditiva induzida pelo ruído. In: *ACTA AWHO*, 12:75-9, 1993.

que pode causar sangramento da mucosa do ouvido médio e da membrana timpânica e, ocasionalmente, ruptura das membranas timpânicas e da membranas da janela redonda. A descompressão ou reconversão de uma câmara de alta ou baixa pressão, em mergulho rápido de grande altitude em aeronave não pressurizada ou depois de vir à tona muito rapidamente, após mergulho, são causas mais correntes da lesão entre trabalhadores como mergulhador, aviador, trabalhador em construção civil (tubulação pneumática e túnel pressurizado) e na área da medicina (assistência à recompressão terapêutica e oxigenoterapia hiperbática).

2. *Perfuração da membrana do tímpano* (H72 ou S09.2): forma grave de barotrauma do ouvido médio, decorrente de súbitas alterações da pressão ambiental, no grau IV de uma escala de quatro (4) graus na classificação de *Teed* (presença de sangue no ouvido e/ou perfuração timpânica) ou grau III de uma escala de três (3) graus da classificação adotada pela Marinha do Brasil (forma grave — ruptura timpânica e/ou sangue livre no conduto auditivo externo). Além do *barotrauma*, exposições súbitas a altos níveis de pressão sonora podem causar a *perfuração da membrana do tímpano*.

3. *Outras vertigens periféricas* (H81.3): alteração do sentido do equilíbrio, caracterizada por uma sensação de instabilidade e de aparente movimento rotatório do corpo (vertigem subjetiva ou rotatória) ou dos objetos que o rodeiam (vertigem objetiva), que podem ser resultados de lesão ou distúrbio do aparelho auditivo, do nervo auditivo, dos centros vestibulares ou de suas conexões nervosas com o cerebelo e o tronco encefálico. O *brometo de metila*, fumigante poderoso e gás já utilizado em processos de refrigeração e como extintor de fogo, está associado à produção de quadros neurotóxicos multiformes, inclusive quadros de vertigem periférica e labirintite quando a exposição ocupacional ao *cloreto de metileno* ou outros solventes halogenados neurotóxicos for a níveis superiores a 500 ppm, excluídas outras causas, enquadrado no Grupo I da Classificação de *Schilling*, no qual o trabalho desempenha o papel de causa necessária. A investigação das causas deve ser feita por especialista otoneurologista, com auxílio da propedêutica adequada (estudo da marcha, do equilíbrio estático e dinâmico, da coordenação dos movimentos e realização da eletronistagmografia, além da avaliação do nível de saturação de carboxiemoglobina, quando se tratar de exposição ao *cloreto de metileno*).

4. *Labirintite* (H83.0): disfunção vestibular secundária a fatores irritantes, tóxicos, endócrinos, exócrinos, metabólicos, infecciosos ou traumáticos, provocada, entre outras causas, por trabalho sob condições hiperbáticas, que inclui as atividades sob ar comprimido e submersas, em destaque o mergulho (livre, raso, profundo), aviação, construção civil em tubulão pneumático e túnel pressurizado, medicina (recompressão terapêutica e oxigenoterapia hiperbática).

5. *Perda da audição provocada pelo ruído e trauma acústico* (H83.3): perda da audição provocada pelo ruído ou *perda auditiva induzida por ruído* (Pair) relacionada ao trabalho é a diminuição gradual da acuidade auditiva decorrente da exposição continuada a níveis elevados de pressão sonora. O termo *perda auditiva neurossensorial por exposição continuada a níveis elevados de pressão sonora* é mais adequado. Define-se o trauma acústico como a perda súbita da acuidade auditiva, que decorre de uma única exposição à pressão sonora intensa (explosões ou detonações, por exemplo) ou de um trauma físico do ouvido, crânio ou coluna cervical. Caracterizada, principalmente, pela irreversibilidade e a progressão gradual com o tempo de exposição ao risco: inicialmente, o acometimento dos limiares auditivos em uma ou mais frequências da faixa de 3 mil a 6 mil Hz, podendo levar mais tempo para serem afetados nas frequências mais altas e mais baixas. Cessada a exposição, cessa a progressão da redução auditiva. Cresce, na atualidade, a preocupação com os efeitos colaterais da exposição ao ruído; apesar de serem ainda pouco conhecidos, as evidências clínicas e epidemiológicas alertam para a sua importância nas manifestações, entre outros, pela hipertensão arterial, distúrbios gastrintestinais, alterações do sono e psicoafetivas, de grande repercussão na qualidade de vida dos trabalhadores. Os fatores de risco para a Pair e trauma acústico podem ser classificados em: *fatores de risco ambientais* — ruído em nível de pressão e tempo de exposição acima do limite de tolerância estabelecidos na NR-15 da Portaria n. 3.214/78, anexos 1 e 2, sendo comum a coexistência de vários outros fatores, que podem agredir diretamente o aparelho auditivo e influir no desenvolvimento da lesão por meio de interação com os níveis de pressão sonora ocupacional ou não ocupacional como agentes químicos (solventes, fumos metálicos, gases asfixiantes), agentes físicos (vibrações, radiação e calor) e agentes biológicos (vírus, bactérias etc.); *fatores metabólicos e bioquímicos* — alterações renais e a síndrome de *Alport,* cujos portadores apresentam perda auditiva significativa a partir da segunda década da vida; *diabetes melitus* e outras como síndrome de Alstrom; insuficiência adrenocortical; dispidemias, hiperlipoproteinemias; doenças que provam distúrbios no metabolismo do *cálcio* e do *fósforo*; distúrbios no metabolismo das proteínas, a exemplo do distúrbio de melanina; hipercoagulação; mucopolissacaridose; disfunções tireoideanas (hiper e hipotiroidismo); e *outros fatores* — medicamentosos (uso constante de salicilatos, por seu potencial ototóxico como *aminoglicosídeos,* derivados de *quinino* e outros); genéticos (histórico familiar de surdez em colaterais e ascendentes). Independentemente do grau de incapacidade funcional e laborativa que produzam, se relacionadas ao trabalho, as Pair são enquadradas no Grupo I da Classificação de *Schilling*, em trabalhadores ocupacionalmente expostos ao ruído, na ausência de outros fatores contributivos e no Grupo II, quando o trabalho constitui *fator de risco contributivo aditivo*, na etiologia, que também pode ser relacionada a outros fatores não ocupacionais.

6. *Hipoacusia ototóxica* (H91.0): perda auditiva do tipo neurossensorial induzida por substâncias químicas de origem endógena (toxinas bacterianas e metabólitos tóxicos de distúrbios metabólicos, como diabetes e nefropatias) ou exógena (drogas como aminoglicosídeos e diuréticos), com efeito que alcança, frequentemente, o aparelho de equilíbrio. Várias substâncias químicas ototóxicas expõem os trabalhadores em seus ambientes de trabalho, assim listados: arsênico e seus compostos, aldeído e seus compostos, chumbo e seus compostos, estireno, etileno glicol, gás sulfídrico ($H2S$), mercúrio e seus compostos, mistura de solventes, monóxido de carbono, organofosforados, sulfeto de carbono, tolueno, tricloroetileno, trinitrotoluol e xileno. O diagnóstico é facilitado quando o médico tem acesso ao histórico das exposições do paciente a ruído e a outros agentes ototóxicos ao longo de sua vida laboral. O prognóstico da hipoacusia ototóxica é reservado, dada a irreversibilidade da lesão neurossensorial, exceto nos casos devido a medicamentos, por exemplo, salicilatos, que tendem a ser reversíveis.

7. *Otalgia e secreção auditiva* (H92): não constituem doença por si, mas são sintomas que podem estar presentes no barotrauma do ouvido médio, na perfuração da membrana do tímpano e no barotrauma do ouvido externo.

8. *Outras percepções auditivas anormais: alteração temporária do limiar auditivo, comprometimento da discriminação auditiva e hiperacusia* (H.93.2): um dos efeitos auditivos da exposição a barulho excessivo, que consiste na perda auditiva temporária, imediatamente após a exposição a níveis elevados de ruído intenso, de curta duração (de minutos a horas), dependendo do tempo de exposição, da intensidade (nível de pressão sonora), da frequência do ruído e da suscetibilidade individual.

9. *Otite barotraumática* (T70.0): conjunto de alterações decorrentes da obstrução do conduto auditivo externo, por cerúmen ou por tampões auriculares em ambientes hiperbáricos (indevidamente utilizado pelos mergulhadores para impedir o contato do ouvido diretamente com a água), que cria no interior do conduto auditivo um compartimento estanque, cuja pressão torna-se menor que a do ambiente e a do ouvido médio equilibrado com a faringe, através da trompa de Eustáquio permeável. O *barotrauma do ouvido interno* ocorre durante a fase de compressão ou de descida, no caso dos mergulhadores. A doença descompressiva do ouvido interno ocorre no início, durante ou logo após a fase de descompressão do trabalhador.

10. *Sinusite barotraumática* (T.70.1) ou *barotrauma sinusal*: uma das múltiplas expressões do *barotrauma*, decorrente da diferença relativa de pressão entre o ar ambiental e o ar das cavidades aéreas internas, nesse caso, os seios da face, que estão conectados à nasofaringe, através dos óstios e canais sinusiais, por onde habitualmente se faz o equilíbrio pressórico. Ocorrendo a obstrução de um desses canais, o seio facial correspondente transforma-se em uma cavidade

fechada, que não mais se equilibra com a pressão ambiente e os tecidos circunvizinhos, estabelecendo em seu interior uma pressão negativa, dando origem a um processo de edema e congestão da mucosa sinusial, com formação de transudato e hemorragia.

11. *Síndrome devida ao deslocamento de ar de uma explosão* (T.70.8): corresponde ao *trauma acústico,* acrescido dos efeitos mecânicos sobre a estrutura anatômica da orelha, com gravidade, e o local de lesão na cóclea diretamente dependente do nível de energia acústica e de sua frequência máxima, ocorrendo, muitas vezes, rupturas da membrana timpânica ou outras lesões no ouvido médio, no trauma por explosão.

O Decreto n. 3048/1999[39], Regulamento da Previdência Social, de 6 de maio, define as situações para percepção do auxílio-doença, restritas ao trauma acústico no caso do aparelho auditivo, sem mencionar a Pair; entretanto, são utilizados os mesmos critérios para a classificação ou estagiamento das perdas auditivas.

Os critérios propostos pela AMA no *Guide to the Evaluation of Permanent Impairment,* edição 1995, são úteis para a classificação das deficiências ou disfunções provocadas pelas doenças do ouvido, se adaptados às condições brasileiras, pois preveem duas categorias: disfunção do sentido de audição e disfunção vestibular ou da função do equilíbrio.

Os indicadores do CNPCRP (Centro Nacional de Protecção contra Riscos Profissionais) apontam a surdez como uma das três principais doenças ocupacionais em Portugal, listada no Decreto Regulamentar n. 6/2001, de 5 de maio[40].

A legislação francesa, no quadro 42 do regime federal, aprovado em 4.5.1981 (J.O. 14.5.1981) pelo Decreto n. 81-507, intitulado "afecções profissionais provocadas pelo ruído", reconhece a surdez profissional como doença, designa-a *lesão coclear bilateral,* irreversível e que não se agrava após a cessação da exposição ao

---

(39) Classificação regulamentada pela Previdência Social: A redução da audição, em cada ouvido, é avaliada pela média aritmética dos valores, em decibéis, encontrados nas frequências de 500, 1.000, 2.000 e 3.000 Hertz (...); Audição normal: até 25 decibéis; Redução em grau mínimo: de 26 a 40 decibéis; Redução em grau médio: de 41 a 70 decibéis; Redução em grau máximo: 71 a 90 decibéis; Perda de audição: acima de 90 decibéis.

(40) Código 42.01: hipoacusia bilateral por lesão coclear irreversível devida a traumatismo sonoro. A audiometria tonal deverá revelar no ouvido menos lesado uma perda de acuidade média não inferior a 35 dB, calculada sobre as frequências de 500, 1.000, 2.000 e 4.000 ciclos por segundo. A perda é a média aritmética ponderada das perdas observadas nas frequências de 500, 1.000, 2.000 e 4.000 ciclos por segundo, sendo os coeficientes de ponderação, respectivamente, 2, 4, 3 e 1. LISTA EXEMPLIFICADA DOS TRABALHOS SUSCEPTÍVEIS DE PROVOCAR A DOENÇA: Trabalhos com martelos e perfuradores pneumáticos; trabalhos em salas de máquinas de navios; trabalhos com rotativas na indústria gráfica; trabalhos em linhas de enchimento (de garrafas, de barris etc.) na indústria alimentar; utilização e destruição de munições ou de explosivos militares; trabalhos de construção civil efectuados com máquinas ruidosas (bulldozers, escavadoras, pás mecânicas etc.); afinação, ensaios e utilização de motores de explosão, propulsão e de reactores; discotecas de salas de diversão.

risco. Recomenda a confirmação da deficiência através de novo exame audiométrico a se realizar no período de três semanas a um ano após a interrupção da exposição.

A investigação, a orientação terapêutica e a caracterização dos danos ao aparelho auditivo causados pelo trabalho, incluída a exposição a ruídos, devem ser realizadas em centros especializados, mas os profissionais que dão atenção básica devem estar atentos e capacitados para reconhecer suas manifestações para o correto encaminhamento do paciente, impedir a progressão do dano e, se possível, reverter o quadro.

A prevenção, ainda, é o melhor tratamento das doenças de ouvido relacionados ao trabalho.

O procedimento de vigilância sanitária e epidemiológica de agravos no ambientes de trabalho pode ser resumido nas seguintes ações:

1) Reconhecer, previamente, as atividades e os locais de trabalho onde existam substâncias químicas, agentes físicos e/ou biológicos e fatores de risco decorrentes da organização de trabalho potencialmente causadores de doença; e

2) Identificar os problemas ou danos potenciais para a saúde decorrentes do reconhecimento acima; propor as medidas a serem adotadas para eliminar ou controlar a exposição aos fatores de risco e proteger os trabalhadores; educar e informar os trabalhadores e empregadores.

3.3. Distúrbios mentais relacionados ao trabalho

Os distúrbios mentais ocupam, no Brasil, o terceiro lugar entre as causas de concessão de benefícios previdenciários de auxílio-doença, por incapacidade para o trabalho superior a quinze (15) dias, e de aposentadoria por invalidez, segundo dados do INSS[41].

O atual quadro econômico mundial revela as condições de insegurança no emprego, subemprego, segmentação crescente do mercado de trabalho em processo de reestruturação da produção, enxugamento do quadro de pessoal e incorporação tecnológica, com repercussão na saúde dos trabalhadores.

Além disso, o trabalho ocupa um lugar fundamental na dinâmica do investimento afetivo das pessoas, sendo relevantes os fatores que propiciam prazer, bem-estar e saúde, a saber: condições favoráveis à livre utilização das habilidades dos trabalhadores e ao controle do trabalho pelos próprios trabalhadores.

Contrariamente, situações como um fracasso, um acidente de trabalho, uma mudança de posição (promoção ou rebaixamento) na hierarquia, com frequência, determinam quadros psicopatológicos diversos, desde os *transtornos de ajustamento*

---

(41) MEDINA, M. C. G. *A Aposentadoria por invalidez no Brasil.* 1986, Tese (Dissertação de Mestrado) — Faculdade de Saúde Pública, Universidade de São Paulo-SP.

ou *reações ao estresse* até *depressões graves ou incapacitantes*, segundo o contexto de cada situação e a resposta individual a ela.

Ambientes de trabalho que dificultam a comunicação espontânea, a manifestação das insatisfações, as sugestões dos trabalhadores sobre a organização ou o trabalho provocam tensão e, em consequência, sofrimento e distúrbios mentais, que não se revelam somente pela doença, mas nos índices de absenteísmo, conflitos interpessoais e extratrabalho.

Fatores que contribuem, frequentemente, na determinação do sofrimento psíquico relacionado ao trabalho e causam quadros ansiosos, de fadiga e distúrbios do sono:

1. jornadas de trabalho longas, com poucas pausas destinadas ao descanso e/ou refeições de curta duração, em lugares desconfortáveis;

2. turnos de trabalho noturnos, turnos alternados ou turnos iniciando muito cedo pela manhã; ritmos intensos ou monótonos; submissão do trabalhador ao ritmo das máquinas, sobre as quais não tem controle;

3. pressão de supervisores ou chefias por mais velocidade e produtividade.

A definição de disfunção e incapacidade causadas pelos transtornos mentais e do comportamento, relacionados ou não ao trabalho, não é tarefa fácil e, de acordo com os indicadores e parâmetros propostos pela AMA, organizam-se em quatro áreas:

1. *Limitações em atividades da vida diária:* incluem atividades como autocuidado, higiene pessoal, comunicação, deambulação, viagens, repouso e sono, atividades sexuais e recreacionais, avaliadas no conjunto das limitações ou restrições, e não somente o número de atividades afetadas;

2. *Exercício de funções sociais:* tem a ver com a capacidade de o indivíduo interagir apropriadamente e comunicar-se com eficiência, inclusive a capacidade de convivência com a família, amigos, vizinhos, atendentes e balconistas no comércio, zeladores de prédios, motoristas de táxi ou ônibus, colegas de trabalho, supervisores ou supervisionados, sem alterações, agressões ou sem o isolamento com o mundo que o cerca;

3. *Concentração, persistência e ritmo:* ou capacidade de completar ou levar as tarefas até o fim. Refere-se à capacidade de manter a atenção focalizada durante o tempo adequado e necessário à conclusão das tarefas na escola, no lar ou no trabalho. Qualquer pessoa, principalmente se familiarizada com o desempenho anterior, basal ou histórico do indivíduo, pode avaliar essas capacidades ou habilidades, mas, eventualmente, a ajuda de profissionais (psicólogos ou psiquiatras), com base mais objetiva, pode auxiliar na avaliação;

4. *Deteriorização ou descompensação no trabalho:* refere-se a falhas repetidas na adaptação a situações estressantes, ou seja, a descompensação e dificuldade de

manter as atividades na vida diária, o exercício de funções sociais e a capacidade de completar as tarefas comuns no ambiente de trabalho, como atendimento a clientes, a tomada de decisões e programação de tarefas, a interação com supervisores e colegas, quando tem à sua frente circunstâncias mais estressantes.

Os transtornos mentais e do comportamento relacionados ao trabalho, listados pelo Ministério da Saúde do Brasil (Portaria n. 1.330/1999), são:

1. *Demência em outras doenças específicas classificadas em outros locais* (F02.8): síndrome, geralmente crônica e progressiva, devida a patologia encefálica, de caráter adquirido, na qual se verificam diversas deficiências de funções corticais superiores (memória, pensamento, orientação, compreensão, cálculo, capacidade de aprender, linguagem e julgamento). Não afeta a consciência; as deficiência cognitivas são acompanhadas e, às vezes, precedidas de deterioração do controle emocional, da conduta social ou da motivação. Pode estar associada a várias doenças que atingem primária ou secundariamente o cérebro, como epilepsia, alcoolismo, degeneração hepatolenticular, hipotiroidismo adquirido, lúppus eritematoso sistêmico, tripanossomíase, intoxicações, doenças pelo HIV, doença de *Huntington* e de *Parkinson*, ocorrência de infartos múltiplos, outras doenças vasculares cerebrais isquêmicas e confusões cerebrais repetidas como as sofridas pelos boxeadores;

2. *Delirium* não sobreposto à demência, como descrita (F05.0): síndrome caracterizada por rebaixamento do nível de consciência, com distúrbio da orientação (no tempo e no espaço) e da atenção (hipovigilância e hipotenacidade), associada ao comprometimento global das funções cognitivas. Pode ocorrer perda do humor (irritabilidade), da percepção (ilusões e/ou alucinações especialmente visuais), do pensamento (ideação delirante) e do comportamento (reações de medo e agitação psicomotora). Em geral, o paciente apresenta inversão do ritmo vigília-sono, com sonolência durante o dia e agitação noturna. Pode ser acompanhada de sintomas neurológicos como tremor, asterixis, nistagmo, de curso breve e flutuante com melhora rápida assim que o fator causador é identificado e corrigido. Pode ocorrer no curso de uma demência, pode evoluir para uma demência, para recuperação completa ou para a morte. Apresenta distintos níveis de gravidade, de formas leves e muito leves;

3. *Transtorno cognitivo leve* (F06.7): caracteriza-se pela alteração da memória, da orientação, da capacidade de aprendizado e redução da capacidade de concentração em tarefas prolongadas. Há queixa de intensa sensação de fadiga mental ao executar tarefas mentais e um aprendizado novo é subjetivamente percebido como difícil, ainda que objetivamente consiga executá-lo bem. Os sintomas podem preceder ou suceder quadros variados de infecções, inclusive HIV, ou de distúrbios físicos, tanto cerebrais quanto sistêmicos, sem que haja evidências diretas de comportamento cerebral;

4. *Transtorno orgânico de personalidade* (F07.0): é a alteração da personalidade e do comportamento, que surge como um transtorno concomitante ou residual de uma doença, lesão ou disfunção cerebral. Caracteriza-se pela alteração significativa dos padrões habituais de comportamento pré-mórbido, particularmente no que se refere à expressão das emoções, necessidades e impulsos. As funções cognitivas podem estar comprometidas de modo particular ou mesmo exclusivo nas áreas de planejamento e antecipação das prováveis consequências pessoais e sociais, que pode ocorrer associada não só à lesão no lobo frontal (*síndrome do lobo frontal*), como também a lesões de outras áreas cerebrais circunscritas;

5. *Transtorno mental orgânico ou sintomático não especificado* (F09.-): o termo compreende uma série de transtornos mentais que têm em comum uma doença cerebral de etiologia demonstrável, uma lesão cerebral ou outro dano que leva a uma disfunção, que pode ser primária, como nas doenças, lesões ou danos que afetam direta e seletivamente o cérebro, ou secundária, como nas doenças sistêmicas, nas quais o cérebro é um dos múltiplos órgãos envolvidos. São do grupo: a demência na doença de *Alzheimer*[42], a demência vascular, a *síndrome amnésica* orgânica (não induzida por álcool ou psicotrópicos) e vários outros transtornos orgânicos (alucinose, estado catatônico, delirante, do humor, da ansiedade), a síndrome pós-encefálica e pós-traumática, inclusive psicose orgânica e sintomática;

6. *Alcoolismo crônico* relacionado ao trabalho (F10.2): modo crônico e continuado do uso da bebida alcoólica, caracterizado pelo descontrole da ingestão ou por um padrão de consumo de álcool com episódios frequentes de intoxicação e preocupação com o álcool e o seu uso, apesar das consequências adversas para a vida e a saúde do usuário. A OMS classifica a *síndrome de dependência do álcool* como um dos problemas relacionados ao trabalho. Em 1990, a Sociedade Americana das Dependências considerou o alcoolismo como uma doença crônica primária que tem desenvolvimento e manifestações influenciadas por fatores genéticos, psicossociais e ambientais, frequentemente progressiva e fatal. A perturbação do controle de ingestão de álcool caracteriza-se por ser contínua ou periódica e por distorções do pensamento, caracteristicamente a negação, ou seja, o usuário tende a não reconhecer o uso abusivo e a dependência do álcool;

7. *Episódios depressivos* (F32.-): humor triste, perda do interesse e prazer nas atividades cotidianas e sensação de fadiga aumentada são características da doença. O paciente pode queixar-se de dificuldade de concentração, apresentar

---

(42) Cf. *MANUAL DE PROCEDIMENTOS...*, Anexo III, p. 567. Doença ou esclerose de *Alzheimer* (*Alzheimer's Disease*): doença degenerativa progressiva do cérebro, de etiologia desconhecida, caracterizada por atrofia difusa em toda a extensão do córtex cerebral, com alterações histopatológicas distintivas chamadas de "placas senis" e "emaranhado neurofibrilares". Seus primeiros sinais são alterações significativas na memória recente e alterações sutis na personalidade. Prejudica depois a capacidade de raciocínio, de compreensão, de atividades motoras, entre outras. Resulta em demência profunda ao longo de 5 a 10 anos. CID-10 G30.9.

baixa-estima e autoconfiança, desesperança, ideias de culpa e inutilidade, visões desoladas e pessimistas do futuro, ideias ou atos suicidas. Frequentemente, o sono encontra-se perturbado, geralmente por insônia terminal. Há queixa de redução do apetite, em geral acompanhada por perda de peso sensível e sintomas de ansiedade frequentes. Há tendência a ser tipicamente mais intensa pela manhã e alterações da psicomotricidade variáveis da lentidão à agitação podem ocorrer, assim como a lentificação do pensamento. Devem ser classificados nas modalidades leve, moderada, grave sem sintomas psicóticos e grave com sintomas psicóticos;

8. *Estado de estresse pós-traumático* (F43.1): caracteriza-se como uma resposta tardia e/ou protraída a um evento ou situação estressante (de curta ou longa duração), de natureza excepcionalmente ameaçadora ou catastrófica, que reconhecidamente causaria extrema angústia a qualquer pessoa, a exemplo dos desastres naturais ou produzidos pelo homem, acidentes graves, testemunho de morte violenta ou ser vítima de tortura, estupro, terrorismo ou qualquer outro crime. Alguns fatores, como traços de personalidade ou história prévia de doença neurótica, podem até baixar o limiar para o desenvolvimento da síndrome ou agravar o seu curso, mas não são necessários nem suficientes para explicar sua ocorrência;

9. *Neurastenia, inclusive síndrome de fadiga* (F48.0): a característica mais marcante da síndrome é a presença da fadiga constante, acumulada ao longo de meses ou anos em situações de trabalho, sem oportunidade para o descanso necessário e suficiente. Manifesta-se por queixa do tipo acordar cansado física e mentalmente, má qualidade do sono, dificuldade de aprofundar o sono, despertar com frequência à noite, especificamente insônia inicial, dificuldade para adormecer ou que a "cabeça não consegue desligar", irritabilidade ou falta de paciência e desânimo, dores de cabeça, dores musculares (geralmente nos músculos mais utilizados no trabalho), perda de apetite e mal-estar geral, ou seja, comumente, trata-se de um quadro crônico;

10. *Outros transtornos neuróticos especificados, inclusive neurose profissional* (F48.8): inclui os *transtornos mistos de comportamento, crenças e emoções*, que têm estreita associação com uma determinada cultura, situação organizacional ou profissional. A neurose profissional apresenta três formas clínicas: Neurose Profissional Atual — neurose traumática, reativa a um trauma atual; Psiconeurose Profissional — quando uma dada situação de trabalho funciona como desencadeante, reativando conflitos infantis que permaneciam no subconsciente; Neurose de Excelência — desenvolvida a partir de certas situações organizacionais que conduzem a processo de estafa (*burn out*) em pessoas que investem intensamente seus esforços e ideais em determinada atividade. Nas neuroses profissionais, os padrões de comportamento são determinados pela organização do trabalho, ao incentivar e explorar os aspectos subjetivos e características pessoais do trabalhador afetado;

11. *Transtorno do ciclo vigília-sono devido a fatores não orgânicos* (F-512.): é definido como uma perda de sincronia entre o ciclo vigília-sono do indivíduo e o ciclo vigília-sono socialmente estabelecido como normal, resultando em queixas de insônia, interrupção precoce do sono ou de sonolência excessiva. Podem ser psicogênicos ou de origem orgânica presumida, dependendo da contribuição relativa de fatores psicológicos, psicossociais ou orgânicos. O transtorno relacionado ao trabalho pode ser incluído na categoria, uma vez que, por definição, é determinado pela jornada de trabalho à noite em regime fixo ou em turnos de revezamento de horários diurnos, vespertinos e/ou noturnos;

12. *Sensação de estar acabado, síndrome de* burn-out *ou síndrome do esgotamento profissional* (Z73.0): é um tipo de resposta prolongada a estressores emocionais e interpessoais crônicos no trabalho, resultado da vivência profissional em um contexto de relações sociais complexas, envolvendo a representação que a pessoa tem de si e dos outros, perdendo o sentido de sua relação, que antes envolvia afeto com clientes, pacientes ou com o trabalho em si, desinteressando-se, e qualquer esforço lhe parece inútil. A síndrome é composta por três elementos básicos:

a) Exaustão emocional (sentimento de desgaste emocional e esvaziamento afetivo);

b) Despersonalização (reação negativa, insensibilidade ou afastamento excessivo do público que deveria receber os serviços ou cuidados do paciente);

c) Diminuição do envolvimento com o pessoal no trabalho (sentimento de redução de competência e de sucesso no trabalho). Diferencia-se do quadro tradicional de estresse, pois interfere de modo direto na sua relação com o trabalho, embora possa estar associado a uma susceptibilidade aumentada para doenças físicas, uso de álcool ou outras drogas, na tentativa de obter alívio e para o suicídio.

Da análise verifica-se que, dos contextos de trabalho, têm sido associados quadros psicopatológicos específicos, aos quais são atribuídas terminologias para designar alguns casos clínicos, como é o *burn-out*, síndrome caracterizada pela exaustão emocional, despersonalização e autodepreciação, que hoje não se limita a relacionar as profissões ligadas à assistência a pessoas em situações economicamente críticas e de carência, mas estende-se às profissões que envolvem alto investimento afetivo e pessoal, em que o trabalho tem por objeto problemas humanos de alta complexidade e determinação fora do alcance do trabalhador, como dor, sofrimento, injustiça e miséria.

Da mesma forma, a prevenção, o diagnóstico e o tratamento desses distúrbios envolve múltiplas estratégias, que exige uma ação integrada, articulada dos setores multidisciplinares, com profissionais capacitados para lidar e dar suporte ao sofrimento psíquico do trabalhador, aos aspectos sociais e de intervenção nos ambientes de trabalho para adotar medidas de controle destinadas à eliminação ou redução da exposição aos agentes nocivos.

3.4. Doenças do sistema respiratório relacionadas ao trabalho

3.4.1. Exposição ao asbesto ou amianto

O *amianto* ou *asbesto*, mineral, encontra-se dividido em dois grupos:

1. *crisotila* (asbesto branco), silicato hidratado de magnésio, que representa a variedade fibrosa do grupo das *serpentinas,* flexível e sedosa, com 1 a 40 milímetros de comprimento, resistente ao calor e facilmente tecida;

2. *anfibólios,* representado pela *crocidolita* (asbesto azul), *amosita* (asbesto marrom), *antofilita, actinolita* e *tremolita.*

Cerca de quarenta e cinco (45) países possuem reservas naturais de *crisotila*, mas apenas vinte e cinco (25) extraem-na, dos quais sete (7) são responsáveis por cerca de 95% da produção mundial: Canadá (Quebec, British Columbia e Newfoundland), Rússia (Montes Urais), Brasil (Mina Cana Brava, Minaçu, Goiás), Casaquistão, China (Província de Szchwan), Zimbábue e África do Sul.

Atualmente, a produção mundial de asbesto é representada, em mais de 98%, pela variedade *crisotila.*

A produção mundial aumentou cerca de 50% entre 1964 e 1973, alcançou o pico de cinco milhões de toneladas/ano em meados de 1970, quando iniciou o declive, até atingir o nível atual estimado em 2,6 milhões de toneladas/ano, o qual permanece, com propensão de queda a acentuar-se, diretamente associada à cronologia das crescentes restrições de extração e importação do amianto no mundo, em função de sua nocividade comprovada por pesquisas científicas em diversos países[43].

O uso do asbesto-crisotila tem variado com o tempo, como mostram diversos estudos[44].

Há mais de dois mil anos, Heródoto descreveu um alto índice de mortalidade entre os escravos que produziam mortalhas de amianto.

Com o advento da Revolução Industrial no século XIX, por suas propriedades (flexível, fino, sedoso, resistente ao calor e facilmente tecido), o amianto foi a matéria-prima escolhida para isolar termicamente as máquinas e equipamentos. Foi largamente utilizado e atingiu o apogeu nos esforços das Grandes Guerras mundiais, quando as epidemias levaram à mudança de conceitos, a partir do conhecimento e do reconhecimento de um dos males industriais do século XX mais estudados e pesquisados em todo o mundo, desde então.

---

(43) Dados obtidos no *site*: <www.abrea.org.br>. Acesso em: 10 maio 2011.
(44) Dados extraídos do *site*: <www.abrea.org.br>. Acesso em: 4 maio 2011.

A primeira descrição médica da asbestose ocorreu em 1907 e posteriormente foram relatados casos de câncer de pulmão, mesotelioma de pleura, peritônio e outros tipos de neoplasia associados ao amianto.

Os grandes produtores mundiais tentaram por muito tempo atribuir toda a malignidade do amianto ao tipo dos *anfibólios*, que representa menos de 5% do produto minerado no mundo, e salvar o negócio lucrativo, atribuindo ao tipo *crisotila* (amianto branco) propriedades benéficas, tanto do ponto de vista da saúde como econômico, em razão da necessidade das populações de baixa renda no uso de coberturas e abastecimento de água potável.

A polêmica do bom e mau amianto, hoje, encontra-se praticamente superada, fruto de vasta pesquisa e estudos divulgados mundialmente durante todo um século, a saber:

Em 1986, a OIT aprovou a Convenção n. 162 e Recomendação 172, na 72ª Reunião, que trata do "uso do amianto em condições de segurança".

Em estudo americano e canadense, com 18 mil expostos, houve registro de 400 casos de câncer de pulmão, 457 casos de mesotelioma de pleura e peritônio e 106 casos de asbestose, motivo pelo qual a legislação americana é bastante restritiva ao uso do amianto.

Em Casale Monferrato, Itália, onde a fábrica da Eternit atuou por cinquenta (50) anos, há mais de um mil e duzentas (1.200) vítimas de amianto, dos quais cento e dezessete (117) já morreram em decorrência de câncer do pulmão, setenta (70) de mesotelioma de pleura e oitenta (80) por asbestose, o que levou à proibição do amianto no país em 1993.

Os pesquisadores franceses concluíram que, sob todas as formas e tipos, o amianto é cancerígeno, pois atingiu vítimas de doenças como mesotelioma de pleura e câncer do pulmão, que resultou na edição da lei proibindo, a partir de 1º de janeiro de 1997, a importação, fabricação e venda de produtos que contenham o amianto no território francês.

Igual decisão foi empreendida pela Noruega (1984), Dinamarca e Suécia (1986), Suíça (1989), Áustria (1990), Finlândia (1992), Alemanha (1993), que influenciou a União Europeia, em maio/1999, a implementar nos países-membros, que não haviam adotado medidas internas, como a Grécia, a partir de 01.01.2005, a banir o amianto, à exceção dos diafragmas para a indústria de cloro-soda, adiado até 2008.

Em Portugal[45], o Decreto-lei n. 284/89, de 14 de agosto, com alterações introduzidas pelo Decreto-lei n. 389/93, de 20 de novembro, transpõe para a ordem

---

(45) O Decreto Regulamentar n. 6/2001, de 5 de maio, lista o amianto como fator de risco de doenças ou outras manifestações clínicas, código 21.02: *Fibrose broncopulmonar ou lesões pleurais consecutivas à inalação de poeiras de amianto com sinais radiológicos e compromisso da função respiratória; complicações; insuficiência respiratória aguda; pleurisias exsudativas; Tumores malignos broncopulmonares; Insuficiência cardíaca direta* (todos com prazo indicativo para caracterização de 10 anos); *mesotelioma primitivo pleural, periocárdico ou peritoneal* (prazo indicativo para caracterização de 5 anos).

jurídica interna a Directiva n. 91/382/CEE, do Conselho, de 25 de junho; mas foi adotada a Directiva n. 2003/18/CE, que, por sua vez, foi transposta pelo Decreto--lei n. 266/2007, de 24 de julho, que trata da proteção sanitária dos trabalhadores contra os riscos de exposição ao amianto durante o trabalho e define o regime de proteção da saúde dos trabalhadores contra riscos que possam decorrer da exposição.

O Japão, maior consumidor de asbesto e de produtos de asbesto do mundo, sediou o Congresso Mundial do Amianto, realizado de 19 a 21 de novembro de 2004, na Universidade de Waseda, em Tóquio, do qual extraiu-se a respectiva Declaração[46], banindo a mineração, o uso, o comércio e a reciclagem de seu território e que contém, ainda, o apelo de quarenta países e regiões de todas as partes do mundo para as mesmas medidas.

As restrições ao asbesto nos países da Europa Ocidental e nos Estados Unidos fizeram com que o mercado internacional de venda de fibras de *asbesto-crisotila* e de produtos de fibrocimento se voltassem na direção de países que não se preocupam com os efeitos nocivos do produto, isto é, os grandes países asiáticos que não mineram em seu território (Índia, Taiwan e Coreia), países do Sudeste Asiático (especialmente Tailândia e Malásia), países latino-americanos (principalmente Brasil, México, Argentina, Chile, Uruguai e países centro-americanos) e países africanos (principalmente Nigéria e Angola).

O Brasil está entre os cinco (5) maiores produtores de amianto do mundo, com a maior mina em exploração localizada no Município de Minaçu, estado de Goiás[47], atualmente administrada pela empresa brasileira Eternit S.A., que sucedeu ao grupo franco-suíço (Brasilit e Eternit), em cujos países de origem houve o banimento do amianto, como já exposto anteriormente.

O Canadá, segundo maior produtor mundial de amianto, é o que mais exporta dessa matéria-prima; mas, ao contrário do Brasil, pouco consome em seu território (menos de 3%). Revelando a gravidade da questão, um cidadão americano se expõe, em média, a 100g/ano, um canadense a 500g/ano e um brasileiro a mais ou menos 1.200g/ano.

---

(46) A Declaração de Tóquio encontra-se nos Anexos desta obra.

(47) A mina de Cana Brava pertencente a Sama Mineração de Amianto Ltda., situada ao norte do estado de Goiás, Brasil, na margem do Rio Tocantins, ocupa uma área total de 45 quilômetros quadrados, com área de concessão estadual de 4.500 ha, da qual, aproximadamente, 20% são destinados à Mineração, 10% ao reflorestamento e 70% representam a reserva natural de vegetação nativa. O amianto tornou Minaçu um dos municípios mais ricos do estado de Goiás. O parque industrial da Sama tem capacidade para produzir 10% de toda a fibra de amianto crisotila comercializada no mundo. É a maior mina do Brasil e a terceira do mundo, perdendo apenas para a Rússia e o Canadá. A matéria-prima oriunda da exploração é usada na construção de telhas, caixas-d'água, pastilhas de freios, divisórias e outros. Dados extraídos do *site*: <http://pt.wikipedia.org/wiki/Mina%C3%A7u#Maior_mina_de_amianto_do_Brasil>. Acesso em: 13 maio 2011.

Assim, além de grande produtor, o Brasil[48] também é grande consumidor de produtos utilizados, especialmente, na construção civil (telhas, caixas-d'água), na indústria automobilística (lonas e pastilhas de freios, juntas, gaxetas, revestimentos de discos de embreagem), tecidos, vestimentas especiais, pisos, tintas etc.

A transferência de produtos comprovadamente cancerígenos é facilmente efetuada para os países em desenvolvimento — cujas populações desconhecem os efeitos nocivos — enquanto buscam, para os seus, outras alternativas menos perigosas em produtos naturais ou sintéticos, aumentando a lista de substitutos do amianto, que atendam plenamente às especificações tecnológicas de proteção à saúde humana, enquanto outros estão em processo de desenvolvimento e avaliação de seus riscos.

Doenças relacionadas ao amianto foram constatadas no mundo todo, mas o quadro grave atualmente revelado, mesmo após o banimento em diversos países, deve-se ao fato de que algumas manifestações têm um período de latência em torno de trinta anos, razão pela qual, em toda a literatura nacional do século XX, menos de uma centena de casos foram citados, fazendo com que, aos olhos da sociedade brasileira, a situação seja diferente do restante do mundo, retardando decisões políticas importantes como o banimento ou a proibição.

Embora não exista, ainda, estatística de doenças relacionadas ao amianto no Brasil, trabalhos desenvolvidos pela DRTE/SP e pela Abrea comprovaram o perigo que representa a exposição, vez que, até janeiro/2002, dos 960 trabalhadores da ex-Eternit de Osasco, submetidos a exames médicos, foram constatados[49]:

- 101 casos de asbestose;
- 90 de placas pleurais;
- 222 de disfunções respiratórias;
- 4 casos de morte por mesotelioma;
- 8 mortes por asbestose;
- 7 mortes por câncer de pulmão;
- 2 cânceres de pulmão em vítimas ainda vivas;
- 1 morte por câncer de laringe;
- 24 outras mortes sem reconhecimento oficial pelo amianto (8 gastrointestinais, 6 de pulmão e 10 por outras afecções pulmonares).

Asbestose ou *pneumoconiose* devido ao asbesto e a outras fibras minerais é a pneumoconiose associada aos asbestos ou amianto, sendo uma doença eminentemente

---

(48) A SAMA é a terceira maior produtora de Crisotila no mundo (13% do mercado mundial) e concorre com os seguintes mercados: Rússia (48%), China (20%), Cazaquistão (11%), Canadá (7%) e Zimbábue (1%). Das vendas totais da SAMA, 40% são destinadas para o mercado nacional (principais clientes: Eternit, Infibra, Permatex, Isdralit, Casalite, Confibra, Decorlit, Multilit) e 60% para exportação (Angola, Argentina, Bolívia, China, Colômbia, Emirados Árabes, Equador, Estados Unidos, Filipinas, Gana, Índia, Indonésia, Irã, Malásia, México, Nigéria, Sri Lanka, Tailândia, Vietnã). Fonte: *site* <http://pt.wikipedia.org/wiki/Mina%C3%A7u#Maior_mina_de_amianto_do_Brasil> Acesso em: 13 maio 2011.

(49) Disponível no *site*: <http://www.abrea.com.br/10saude_P.htm>. Acesso em: 18 jun. 2012.

ocupacional, decorrente da deposição de poeiras no pulmão e reação tissular que ocorre na sua presença, causada pela inalação de fibras de asbesto ou amianto, de caráter progressivo e irreversível, com período de latência superior a dez (10) anos, podendo, não raro, manifestar-se alguns anos após cessada a exposição.

É doença profissional típica[50] do Grupo I da Classificação de *Schilling*, reconhecida em todo o mundo.

O *asbesto* é considerado *carcinogênico* humano confirmado, do grupo A1.

Clinicamente, caracteriza-se por dispneia de esforço, estertores crepitantes nas bases pulmonares, baqueteamento digital, alterações funcionais e pequenas opacidades irregulares na radiografia de tórax.

O espessamento pleural, em forma de placas ou espessamento pleural difuso, é a doença relacionada ao *asbesto* mais prevalente.

O câncer do pulmão pode ser uma complicação relativamente frequente na evolução da *asbestose*.

Os mesoteliomas de pleura e peritôneo são comumente associados ao *asbesto*, mas nem sempre têm ligação fisiopatológica com a *asbestose*.

O diagnóstico é realizado a partir do histórico clínico e ocupacional, do exame físico e das alterações radiológicas, cujas leituras devem ser realizadas de acordo com o preconizado pela OIT (Organização Internacional do Trabalho).

Mesoteliomas são tumores, benignos ou malignos, de origem mesodérmica, que surgem na camada de revestimento das cavidades pleural, pericárdica ou peritoneal.

A relação etiológica dos *mesoteliomas malignos* com *asbestos (amianto)* foi estabelecida por Wagner e seus colaboradores, em trabalho realizado na Província do Cabo, na África do Sul, publicado em 1960. *Newhouse* e colaboradores, do Reino Unido, na década de 1970, em estudo epidemiológico clássico de casos *versus* controles realizados em Londres, confirmaram que tanto a exposição ocupacional ao *asbesto*, quanto a exposição ambiental nos domicílios próximo a áreas industriais e/ou exposição das mulheres dos trabalhadores, por meio da roupa contaminada por fibras de *asbesto* trazidas das fábricas, estão associadas à doença.

A probabilidade é alta, mais de 90% de adultos que desenvolveram *mesotelioma maligno de pleura ou peritônio* tinham trabalhado ou foram expostos ao *asbesto*.

A investigação deve levar em conta o passado da pessoa afetada. Mesmo as pequenas exposições, ao longo dos anos, afetam determinados trabalhadores como encanadores que instalam caixas-d'água de cimento-amianto, fazem furos para passagem dos canos e respiram a poeira; carpinteiros da construção civil, na perfuração das telhas de *cimento-amianto* para fixação; mecânicos de veículos, que lixam as lonas e pastilhas de freios; trabalhadores expostos a talco contaminado com fibras

---

(50) ANEXO II do Regulamento da Previdência Social, alterado pelo Decreto n. 6.042 de 12 de fevereiro de 2007 (DOU 12.2.2007); consta dos Anexos desta obra.

de *amianto*, em atividades na indústria de artefatos de borracha e no lixamento de massa plástica usada no reparo de inúmeros objetos.

A princípio, o desenvolvimento desses tumores malignos não dependem da dose de exposição e qualquer número de fibras pode iniciar ou promover o tumor, o que explicaria sua incidência em mulheres de trabalhadores e seus filhos ou em pessoas que residem ou frequentam edifícios revestidos com *asbesto*, para fins de isolamento térmico.

A ocorrência de *mesoteliomas malignos da pleura, do peritônio e/ou do pericárdio* em trabalhadores com história de exposição ocupacional ao asbesto, deve ser classificada como doença relacionada ao trabalho, do Grupo I da Classificação de *Schilling*, em que o trabalho é considerado a causa, ainda que outros fatores de risco possam atuar como coadjuvantes.

O amianto, usado durante décadas como material milagroso por sua resistência ao calor e ao fogo, foi proibido em toda a União Europeia em 2005, a partir da edição de uma diretriz, em 1999, lutando-se, agora, por uma proibição mundial para pôr um ponto final a esse drama.

No Brasil, a NR-15, Anexo 12, inclui, desde 1991, a proibição do uso de fibras de anfibólios (crocidolita, amosita, antofilita, tremolita) e o LT de 2,0 fibras/cm^3 para as fibras respiráveis de crisotila.

A Lei n. 9.055/1995 vedou a extração, produção, industrialização, utilização e comercialização da actinolita, amosita (asbesto marrom), antofilita, crocidolita (amianto azul) e da tremolita, variedades minerais pertencentes ao grupo dos anfibólios, bem como dos produtos que contenham essas substâncias, mas permitiu (art. 2º) a extração, industrialização, comercialização e uso da crisotila (asbesto branco), o que levou a reações contrárias de sete estados da Federação que proibiram, em seus territórios, o uso do amianto em qualquer de suas formas: Rio de Janeiro[51], Rio Grande do Sul[52], Pernambuco[53], São Paulo[54], Mato Grosso do Sul[55] (sendo que neste último o STF

---

(51) A Lei estadual n. 3.579, de 7 de junho de 2001, dispõe sobre a substituição progressiva da produção e da comercialização de produtos que contenham asbesto e dá outras providências.

(52) A Lei n. 11.643, de 21.6.2001, que dispõe sobre a proibição de produção e comercialização de produtos à base de amianto no estado do Rio Grande do Sul e dá outras providências. A constitucionalidade dessa lei foi questionada na ADI n. 3.357 perante o STF pela Confederação Nacional dos Trabalhadores na Indústria.

(53) O Projeto de Lei Ordinária n. 297/2003 dispõe sobre a proibição do uso de amianto ou asbestos nas obras públicas e edificações no estado de Pernambuco, atendendo aos objetivos da Lei n. 9.055/95 de evitar o contato de pessoas com aquele material.

(54) A constitucionalidades da Lei n. 12.684, de 26.07.2007 (Projeto de Lei n. 384/2007), que proíbe o uso, no estado de São Paulo, de produtos, materiais ou artefatos que contenham quaisquer tipos de amianto ou asbesto ou outros minerais que, acidentalmente, tenham fibras de amianto na sua composição. Em 23.5.2012, o relator Ministro Marco Aurelio, em razão de o Pleno não ter referendado a liminar que implementara, em que discute o direito à saúde na ADI (Ação Direta de Inconstitucionalidade) n. 3937, proposta pela Confederação Nacional dos Trabalhadores na Indústria, determinou a realização de audiência pública está sendo questionada na ADI n. 3.937 em trâmite perante o STF, com julgamento suspenso em decisão proferida em 31.10.2012..

(55) Em 26.1.2001, o Plenário do STF concedeu liminar parcial contra a Lei n. 2.210/2001 de Mato Grosso do Sul, que veda a fabricação, o ingresso, a comercialização e a estocagem de amianto destinado à construção

em 8.5.2003, declarou a inconstitucionalidade dos arts. 1º e seus §§ 1º, 2º e 3º; do art. 2º; do art. 2º e seus §§ 1º e 2º; e do parágrafo único do art. 5º), Mato Grosso, Espírito Santo e Pará (os três governadores, Blairo Maggi, Paulo Hartung e Ana Julia Carepa, respectivamente, não sancionaram as leis aprovadas pelas suas Assembleias Legislativas)

Em julgamento histórico no dia 13 de fevereiro de 2012[56], o tribunal de Justiça de Turim (norte da Itália) condenou a dezesseis anos de prisão dois ex-diretores da multinacional Eternit, o bilionário suíço Stephan Schmidheiny (65 anos) e o ex--acionista belga, o barão Jean-Louis Marie Ghislain de Cartier de Marchienne (91 anos), por terem causado, de modo intencional, a morte de 3 mil pessoas, com o uso do amianto em seus materiais de construção, além de terem violado regras de segurança em suas fábricas da Itália, que funcionaram de 1976 a 1986.

O processo teve início em dezembro de 2009 e reuniu mais de 6 mil queixosos.

A defesa negou a responsabilidade direta dos dois acusados, que nunca compareceram às audiências, sendo condenados à revelia.

O Ministério Público pediu a pena mais severa, de vinte anos, devido à gravidade do crime: as pessoas expostas ao amianto podem ficar doentes por muitas décadas.

Mesmo sabendo que o amianto era perigoso, os ex-diretores decidiram manter suas fábricas em funcionamento, sem preocupação de aconselhar aos empregados o uso de luvas e máscaras, como primeira medida de proteção, para evitar que milhares de trabalhadores contraíssem tumores nos pulmões e sofressem de asbestose — pneumoconiose produzida pela inalação de asbesto (amianto) e que, além de ocasionar fibrose pulmonar, pode estar acompanhada de câncer brônquico — pela inalação do pó.

Trata-se do maior julgamento organizado até agora pelo uso de amianto.

3.4.2. Exposição à sílica

O silício livre e o oxigênio são os dois elementos mais importantes da crosta terrestre e formam uma unidade tetraédrica fundamental (SiO4), que consiste num íon central de silício com íons de oxigênio ligados a ele em seus quatro cantos, formando uma estrutura tridimensional.

A sílica cristalina, do ponto de vista da saúde ocupacional, apresenta-se em três formas: o *quartzo*, a *tridimita* e a *cristobalita*.

Essas formas de sílica também são chamadas de *sílica livre* (a combinação de todas as formas de sílica compostas pelos tetraedros com átomos de oxigênio), ou *sílica não combinada* para distinguí-las dos demais silicatos.

---

civil ou produtos à base do mineral. A decisão favoreceu o estado de Goiás, autor da Ação Direta de Inconstitucionalidade (ADI) 2396.

(56) Disponível em: <http://exame.abril.com.br/economia/meio-ambiente-e-energia/noticias/ex-diretores-da-eternit-condenados-por-uso-de-amianto>. Acesso em: 18 jun. 2012.

A *sílica* é o principal constituinte da areia e é utilizada na fabricação de vidros (foscamento com jatos de areia), porcelanas, cerâmicas, louças, inclusive louça sanitária, além de ser empregada na fabricação de lixa, mós, rebolos, saponáceos, pós e pastas para desbaste e polimento de metais, pedras preciosas e semipreciosas.

Em fundições de metais, a *sílica* é empregada no processo de limpeza e acabamento de peças, rebarbação, em processos de moldagem e no jateamento abrasivo.

A exposição à sílica é comum entre os trabalhadores de mineração, os cortadores de arenito e de granito, os operários de fundições e os ceramistas. Normalmente, os sintomas manifestam-se somente após vinte a trinta anos de exposição ao pó.

Entretanto, em ocupações que envolvem a utilização de jatos de areia, a escavação de túneis e a produção de sabões abrasivos, que produzem quantidades elevadas de pó de sílica, os sintomas podem ocorrer em menos de dez anos.

A perfuração de poços em áreas secas do Nordeste e o jateamento de areia em estaleiros são atividades de alto risco de exposição, na atualidade brasileira.

Segundo Brunner & Suddarth (1998, p. 458[57]), "Quando as partículas de sílica, que apresentam propriedades fibrogênicas, são inaladas, são produzidas lesões nodulares por todo o pulmão. Com o passar do tempo e a exposição contínua, os nódulos aumentam e coalescem". As micropartículas de sílicas, com diâmetro inferior a dez micras, são consideradas corpos estranhos no organismo, mas conseguem ultrapassar as paredes dos alvéolos e atingem o interior do pulmão, provocando uma reação dos tecidos, de caráter inflamatório com cicatrização posterior. A repetição desse processo provoca o endurecimento e ocasiona uma pequena formação de nódulos no tecido pulmonar. A persistência da exposição à sílica faz com que o acúmulo resulte na perda da elasticidade do pulmão e a respiração exija um maior esforço.

No Brasil, a Portaria n. 99, de 19 de outubro de 2004, publicada no DOU de 21 de outubro de 2004, proibiu o processo de trabalho de jateamento que utilize areia seca ou úmida como abrasivo, visando evitar que trabalhadores contraíssem a silicose.

A exposição à sílica livre está relacionada a diversas doenças, nomeadamente:

1. *Neoplasia maligna dos brônquios e do pulmão* (C34.-): engloba o *carcimona de células escamosas* ou *carcimona epidermoide*, responsável por cerca de 30% de todas as *neoplasias malignas pulmonares*, mais centrais (80%) que laterais (20%); *carcimona de pequenas células*, responsável por 20% das *neoplasias malignas do pulmão*, de localização mais frequentemente mediastinal ou hilar (95%) que periférica (5%); *adenocarcimona* e *carcimona de grandes células*, responsáveis por cerca de 30% de todas as *neoplasias dos pulmões*, localizadas mais frequentemente na periferia, como nódulos (70%); *cânceres histologicamente mistos,*

---

(57) In: *Tratado de enfermagem médico-cirúrgica*. 8. ed. Rio de Janeiro: Guanabara Koogan, 1998.

responsáveis por cerca de 20% de todas as *neoplasias malignas pulmonares, e tumores pulmonares* pouco comuns (*carcinoides brônquicos, carcinomas adenoides císticos e carcinossarcomas*);

2. *Outras doenças pulmonares obstrutivas crônicas,* incluídas a *asma obstrutiva, bronquite crônica, bronquite obstrutiva crônica* (J44.-): o termo Doença Pulmonar Obstrutiva Crônica (DPOC) refere-se ao grupo de doenças respiratórias crônicas caracterizadas por limitação crônica ao fluxo aéreo e, eventualmente, com produção de escarro, dispneia e broncoespasmo. A exposição longa e continuada a irritantes das vias respiratórias leva ao aumento das glândulas mucosas, à hipertrofia das fibras musculares, à inflamação da parede brônquica e ao aumento da possibilidade de infecções pulmonares, no bronquilítico;

3. *Silicose* (J62.8): é a mais antiga, mais grave e mais prevalente das doenças pulmonares, uma fibrose nodular relacionada à inalação de poeiras minerais contendo partículas finas de sílica livre cristalina que leva de meses a décadas para se manifestar. É uma forma de pneumoconiose caracterizada por inflamação e cicatrização em forma de pequenos nódulos difusos, menores que um centímetro de diâmetro, predominantemente nos terços superiores dos pulmões. A histologia mostra nódulos com camadas concêntricas de colágeno e presença de estruturas polarizadas à luz. Com a progressão da doença os nódulos podem coalescer, formando conglomerados maiores, que substituem o parênquima pulmonar por fibrose colágena. Os pacientes costumam ser assintomáticos ou apresentam sintomadas que são precedidos pelas alterações radiológicas. A dispneia aos esforços é o principal sintoma. O exame físico, na maioria das vezes, não mostra alterações significativas no aparelho respiratório. Este tipo de silicose pode ser observado nas indústrias de cerâmicas. A *Silicose acelerada* ou *subaguda* é caracterizada pelas alterações radiológicas mais precoces, normalmente após cinco a dez anos do início da exposição, em forma de nódulos silicóticos, semelhantes aos da forma crônica, porém, seu desenvolvimento ocorre em estágios mais iniciais, com componente inflamatório intersticial intenso e descamação celular nos alvéolos. Os sintomas respiratórios costumam ser precoces e limitantes, com grande potencial evolutivo para a forma complicada da doença, como a formação de conglomerados e fibrose maciça. Essa silicose é observada em cavadores de poços. *Silicose aguda* é a forma mais rara da doença e está associada à exposição maciça à sílica livre, por períodos que variam de meses a anos, como na atividade de jateamento de areia ou moagem de pedra. Histologicamente é representada pela proteinose alveolar associada a infiltrado inflamatório intersticial. A dispneia pode ser incapacitante, podendo evoluir para a morte por insuficiência respiratória. Ocorre tosse seca e comprometimento do estado geral. Auscultam-se crepitações difusas no exame físico, o padrão radiológico é bem diferente

das outras formas, sendo representados por infiltrações alveolares difusas e progressivas, muitas vezes acompanhadas por nodulações mal definidas. Em razão da evolução progressiva e irreversível, é considerada uma doença ocupacional que causa graves transtornos de saúde ao trabalhador e pode provocar incapacidade laboral, aumento do risco de tuberculose, invalidez e, com certa frequência, tem relação com a causa do óbito do paciente. Como não se conhece qualquer tratamento médico capaz de inverter o processo da silicose, a prevenção assume grande importância. Os empregados expostos à sílica devem, obrigatoriamente, usar dispositivos protetores como máscaras, respiradores e capuzes, EPIs adequados e eficazes conforme relação contida na Portaria MTb n. 3.214/78, na NR-6, como medidas de proteção individual e na NR-22, que trata da Segurança e Saúde Ocupacional na Mineração, disciplinando os processos de ventilação e de umidificação, como medidas de proteção coletiva. A descoberta da afecção precocemente é medida necessária a fim de mudar a atividade do trabalhador atingido, se ainda houver tempo, ou aposentá-lo antes que se torne inválido. Quando não for possível reduzir os poluentes, as fontes de ar exteriores ao ambiente de trabalho deverão ser providenciadas, substituindo uma substância potencialmente nociva por outra inócua para a doença pulmonar ocupacional estabelecida. A transferência do trabalhador para fora do ambiente de exposição à sílica pode contribuir para a redução do ritmo de progressão da doença. A Agência Internacional de Pesquisa sobre o Câncer (IARC) da OMS considera a sílica livre cristalina inalada como um cancerígeno do Grupo 1, em situações experimentais e em humanos;

4. *Pneumoconiose associada com tuberculose* ou *silicotuberculose* (J63.8): a silicose acima definida associada à *tuberculose*, doença de evolução aguda, subaguda ou crônica, compromete vários órgãos e sistemas, em especial as vias aéreas inferiores. No Brasil, resulta da infecção pelo *Mycobacterium tuberculosis*, transmitida geralmente pela inalação, e pelo *Mycobacterium bovis*, veiculado por ingestão de material infectante. Em trabalhadores expostos à poeira de *sílica* e/ou portadores de *silicose*, a *tuberculose* e a *silicotuberculose* são consideradas como doenças relacionadas ao trabalho, do Grupo III da Classificação de *Schilling*, pois já foi objeto de demonstração, clínica e epidemiologicamente, que a exposição à *sílica* pode favorecer a reativação da infecção tuberculosa latente, vez que, no interior dos macrófagos alveolares, deprime sua função fagocitária e aumenta sua destruição;

5. *Síndrome de Caplan* (J99.1; M05.3): descrita em 1953 e também denominada de *pneumoconiose reumatoide*, consiste no desenvolvimento de um quadro pulmonar em trabalhadores expostos à poeira de carvão, portadores de artrite reumatoide, com ou sem *pneumoconiose*. Posteriormente, verificou-se a ocorrência aumentada também em pacientes expostos à *sílica*.

Em Portugal[58], a sílica é reconhecida como fator de risco de doenças ou outras manifestações clínicas ocupacionais, com ocorrências gravíssimas. Ainda na vigência da Lei n. 1.942/1936, de 27 de julho, a regulamentação pelo Decreto-lei n. 44.307/1962, de 27 de abril, conferiu a gestão do seguro específico a um organismo de fins não lucrativos integrado ao sistema de seguridade social.

Apesar de todo o conhecimento sobre essas doenças, perfeitamente previsíveis, ainda no século XXI, a silicose continua a levar trabalhadores a óbito em todo o mundo e milhares de novos casos são diagnosticados a cada ano, predominantemente nos países em desenvolvimento, onde as atividades que expõem à sílica são mais frequentes, destacando que nos países desenvolvidos as pneumoconioses estão em franco declínio.

No Brasil, a identificação oficial de casos novos e epidêmicos, embora não haja estatística exata, considera a silicose como a principal doença ocupacional pulmonar, devido à elevada quantidade de trabalhadores expostos à sílica, responsável pela invalidez e morte de mutios deles em diversas atividades.

Em 1995, organismos internacionais como a OIT e a OMS, dada a possibilidade de prevenir a doença, lançaram um programa conjunto de erradicação global da silicose, com a finalidade de aplicar os conhecimentos acumulados nas últimas décadas em ações de prevenção primária da doença e de buscar o auxílio dos países envolvidos para estabelecerem medidas destinadas a erradicar a doença até 2030.

Assim, no período de 06 a 10 de novembro de 2000, a Fundacentro, a Faculdade Evangélica de Medicina do Paraná e a Fundação Oswaldo Cruz, com apoio da OIT e OMS, além de outras instituições governamentais e não governamentais, realizaram o Seminário Internacional sobre Exposição a Sílica – Prevenção e Controle[59] para debater a situação da doença no Brasil, dando ênfase para as medidas preventivas e de controle, na busca da identificação e difusão dos meios necessários à efetivação das medidas.

Três fatores foram identificados como de riscos ocupacionais:

1. concentração de poeira respirável;

2. porcentagem de sílica livre e cristalina na poeira; e

3. duração da exposição.

---

(58) Decreto Regulamentar n. 6/2001, de 5 de Maio, item 2 – *Doenças do aparelho respiratório*, código 21.01, *Factor de risco*: sílica, *Doenças ou outras manifestações clínicas:* Fibrose pulmonar consecutiva à inalação de poeiras contendo sílica livre ou combinada, diagnosticada radiograficamente. Complicações, Sílico--tuberculose. Enfisema pulmonar e pneumotórax espontâneo. Insuficiência cardíaca direta, *Caracterização (prazo indicativo):* 10 anos. *Lista exemplificativa dos trabalhos susceptíveis de provocar a doença:* todos os trabalhos que exponham à inalação de poeiras contendo sílica livre ou combinada, como, por exemplo: trabalhos com rochas ou minerais contendo sílica, nas minas, túneis, pedreiras e outros locais; fabricação e manipulação de abrasivos, pós de limpeza e outros produtos contendo igualmente sílica.

(59) Os dados incluídos na sequência deste texto referem-se aos apresentados por diversos especialistas durante o Seminário Internacional Sobre Exposição à Sílica, realizado em Curitiba de 6 a 10 de novembro de 2000.

Também foram identificadas as atividades que apresentam o maior risco para a aquisição de doenças:

- *Indústria extrativa* — mineração e atividades de extração e beneficiamento de pedras que contenham o mineral;

- *Fundição de ferro, aço ou outros metais onde se utilizam moldes de areia;*

- *Cerâmicas onde se fabricam pisos, azulejos, louças sanitárias, louças domésticas e outros;*

- *Produção e uso de tijolos refratários;*

- *Fabricação de vidros* — tanto na preparação como também no uso de jateamento de areia para a opacificação;

- *Perfuração de rochas na indústria da construção* de túneis, barragem e estradas;

- *Moagem de quartzo e pedras;*

- *Construção de fornos refratários;*

- *Jateamento de areia* utilizado na indústria naval, na opacificação de vidros, na fundição e polimento de peças na indústria metalúrgica;

- *Execução de trabalho em mármore, ardósia, granito e outras pedras;*

- *Fabricação de material abrasivo;*

- *Mineração subterrânea;*

- *Escavação de poços;*

- *Atividades de protético;*

- *Perfuração de rochas em mineração de não metálicos*, a exemplo da mica e do feldspato.

Os dados mundiais sobre as doenças ocupacionais decorrentes da exposição à sílica revelam tratar-se de epidemiologia: no Vietnam, a silicose é uma das maiores causas de concessão de benefícios previdenciários aos trabalhadores (90%), aproximadamente 9 mil casos; na China, foram registrados 360 mil casos acumulados de pneumoconioses em 1990, 500 mil casos de silicoses no período de 1991-1995, quase 6 mil novos casos por ano e mais de 24 mil mortes por ano, sendo a maior parte entre trabalhadores idosos; na Índia, a prevalência de silicose, de 55%, foi encontrada entre os trabalhadores, muito deles jovens, trabalhando em pedreiras de rochas sedimentárias de xisto e com atividade subsequente em locais pequenos e mal ventilados; na Malásia, estudos revelam uma prevalência de silicose de 25% em trabalhadores nas pedreiras e de 36% entre os trabalhadores no serviço de lápides funerárias; nos EUA, estima-se que mais de 1 milhão de trabalhadores são ocupacionalmente expostos a poeiras com sílica livre e cristalina e 100 mil deles correm risco de adquirir e desenvolver a silicose, que vitima cerca de 250 trabalhadores por ano.

No Brasil, calcula-se que 6 milhões de trabalhadores estão expostos a poeiras contendo sílica, sendo 4 milhões na construção civil, 500 mil na mineração e garimpo e acima de 2 milhões nas indústrias de transformação de minerais, metalurgia, indústria química da borracha, cerâmica e vidro.

O aparecimento de casos novos, no entanto, deve ser creditado mais ao aumento de diagnósticos decorrentes de busca ativa de casos, que propriamente à intensificação do problema, com estimativa de 25 a 30 mil casos desta espécie de pneumoconiose.

Os estudos revelam o seguinte quadro de prevalência:

- Pedreiras a céu aberto — 3,0%;

- Cerâmicas — 3,9%;

- Fundições — 4,5%;

- Indústria Naval (jateamento de areia) — 23,6%;

- Cavação de poços (Ceará, 1986-1989) — 17,2% em 365 examinados;

- Mineração de ouro, garimpos, lapidação de pedra e outras atividades em Minas Gerais foram diagnosticados mais de 4.500 portadores de silicose, mas calcula-se que existam cerca de 7.500 trabalhadores afetados nesse setor e local;

No Paraná, o Centro Metropolitano de Apoio à Saúde do Trabalhador — Cemast/Sesa, desde 1996, registrou, entre os casos confirmados, suspeitos e óbitos, 142 ocorrências em trabalhadores de Curitiba e Região Metropolitana. Nos últimos três anos, foram registrados 59 casos de silicose, com 10 óbitos. A mineração apresenta o maior número de casos confirmados, com 37 ocorrências, e 2 evoluíram para óbito. O jateamento de areia apresentou 17 casos confirmados e 16 suspeitos, sob investigação. Oito trabalhadores foram a óbito. Na fundição, funilaria e cerâmica, foram registrados 43 casos, sendo 5 confirmados e 38 em investigação.

Somente o envolvimento de toda a sociedade (órgãos governamentais e não governamentais de empregadores e trabalhadores, profissionais de segurança e saúde no trabalho) será capaz de atingir a finalidade do ambicioso programa de erradicação da silicose, através de monitoramento dos casos, identificação precoce da doença e dos responsáveis para o controle efetivo dos riscos.

Capítulo 4
Das Tutelas Jurídicas do Trabalhador Afetado por Doença Ocupacional

4.1. Noções gerais

O homem é o ponto de partida de todo o Direito, pois é a razão da sua existência.

Toda pessoa, pelo simples fato de existir, tem a titularidade de direitos para a defesa da sua dignidade, num espaço delimitado no qual cada um possa desenvolver a sua personalidade, independentemente da natureza jurídica que a doutrina atribui ao instituto.

O Direito, de uma maneira geral, é visto por sociólogos e muitos juristas como um instrumento de controle social eficaz, por se tratar de um conjunto de normas dotado de uma sanção socialmente organizada ou de coercibilidade, o que diferencia das restantes normas de conduta social, notadamente moral, religiosa etc.

Mas a ideia de Direito não se restringe a esse conjunto de normas dotadas de força coercitiva. Exige, antes de tudo, uma ordem com determinado sentido, uma ordem justa, de onde emana a legitimidade para impor soluções por via jurídica, à força, se necessário, através do regulamento e da limitação do seu exercício.

O homem, diferentemente dos outros seres vivos, não possui meios biológicos instintivos que determinem e dirijam a sua conduta com a estabilidade necessária.

Por esse motivo, sempre careceu de orientação sobre o certo e o errado, sobre o justo e o injusto, para garantir uma certa segurança no relacionamento com seus semelhantes.

Para libertar-se do pesado ônus de toda hora ter que tomar a decisão e em razão da diversidade de culturas e modos de conduta, passou-se a introduzir padrões de comportamento estáveis e duráveis, através das instituições em diversas áreas de atuação: na esfera *familiar,* regulando as relações de procriação, de sangue e a socialização inicial dos novos membros (casamento, filiação, *pátrio poder*); na esfera *econômica,* regulando a produção, distribuição e consumo de bens e serviços dentro da sociedade (contratos, propriedades, associações profissionais, sociedades, câmaras de comércio, associações industriais etc.); na esfera *política,* controlando o uso da força dentro da sociedade, na manutenção da paz interna e externa, bem como na administração dos recursos para a promoção do bem-estar coletivo (Estado, Assembleias Legislativas, Governo, Tribunais, prisões, Exército, instituições administrativas em geral etc.); e, na esfera *cultural,* atuando na promoção de condições de criar, conservar e distribuir artefatos religiosos, artísticos e científicos (museus, academias, universidades, centros de investigação etc.).

As principais funções ligadas à ordem institucional são: 1º) estabilização normativa, que consiste em assegurar que os valores da sociedade sejam reconhecidos, interiorizados pelos seus membros a ponto de serem aceitos, conformem-se às suas exigências e motivem-se por eles; e 2º) integração, que consiste em assegurar a necessária coordenação entre as várias partes ou unidades do sistema social, especialmente quanto à contribuição para a organização e funcionamento do conjunto.

Luhman[60] imputa à institucionalização a função de "reduzir a complexidade" e reforçar, isto é, estabilizar as expectativas.

As instituições são um dado prévio do Direito de grande importância[61], sem as quais não seria possível a articulação e sistematização do material jurídico positivo.

A preocupação harmonizadora dos jurisprudentes romanos de buscar, incessantemente, regras pré-determinadas ou pré-determináveis para resolver os problemas nunca mais se perdeu de vista na consolidação do Direito como ciência, cujas bases, fundamentos e justificação acompanharam, durante boa parte do seu percurso milenar, toda a Filosofia das Ciências Humanas, até a introdução de um método puramente jurídico por SAVIGNY e a escola histórica.

O fenômeno do irracionalismo metodológico, desencadeado pelo processo de autonomização metodológica do Direito, fez surgir um metadiscurso, com metalinguagem e metaconceitos, numa sequência abstrata sem qualquer contato com a resolução dos casos jurídicos concretos, agravado com a especialização de juristas até atingir proporções consideráveis de tornar-se inacessível para os juristas comuns e sem preocupações juspositivistas, contrapondo a uma Ciência jurídica inchada ao nível da jurisprudência dos interesses, que reduzira, em extremo, as referências aceitáveis, que acobertava com o apelo à realidade da vida a rejeição de tudo o que extrapolasse os juízos do legislador, demonstrando, na sua base, a incapacidade de os esquemas formalistas tradicionais e pelo juspositivismo em acompanhar as novas necessidades enfrentadas pelo Direito no final do século XX.

---

(60) LUHMAN, Niklas. *Legitimação pelo procedimento.* Trad. Maria da Conceição Côrte-Real. Brasília: Editora Universidade de Brasília, 1980, conclui que, será tomada para ter certeza de que uma decisão ocorrerá, e assim, legitimá-la. Em certo sentido, concebe a legitimidade como uma espécie de ilusão funcionalmente necessária, pois se funda na *ficção* de que existe a possibilidade de decepção rebelde, só que esta é, de fato, realizada quando o direito legitima-se, na medida em que os seus procedimentos garantem esta *ilusão.*

(61) HENKEL, Heinrich, *Introdución a la Filosofia del Derecho,* trad. espanhola, Madrid, 1968, p. 427 e ss. *apud* J. Baptista Machado, *Introdução ao Direito e ao Discurso Legitimador,* 9ª reimpressão, Coimbra: Almedina, 1996, p 28.

A busca pela conciliação da ideia de um sistema com o caráter sensato e aceitável da decisão à luz do Direito contribuiu para pôr em moda os *Tópicos jurídicos*[62], caídos no esquecimento, mas que até os meados do século XVIII designavam as obras consagradas ao raciocínio específico dos juristas, consistente em fornecer razões, quer pela retórica, quer pelo raciocínio dialético, que permitissem afastar soluções não equitativas ou desarrazoadas.

Embora criticada pelos adeptos de uma concepção mais dogmática e mais sistemática do Direito, pelo fato de sua imprecisão e de permitir que, num litígio, quase sempre ambas as partes possam invocar um ou outro tópico em seu favor, a metodologia permite chegar a uma interpretação ou uma escolha que pareça fornecer a solução mais razoável à situação conflituosa.

A experiência do III *Reich* e da "justiça" stalinista ensina, de modo cruel, que o Direito pode funcionar tanto como instrumento de opressão, quanto de libertação, posto que não é determinado unicamente pelos textos constitucionais ou legislativos, válidos, promulgados, mas, principalmente, pelo modo como são efetivamente utilizados e aplicados.

Para a existência de um Estado democrático de direito, é necessário, de fato, que os governantes e os encarregados da administração da justiça em conformidade com a lei observem as leis que eles mesmos instituíram.

Mas é impossível manter a visão positivista do direito, porque esse mesmo Estado seria apenas a expressão arbitrária da vontade do governante.

O direito, para funcionar de modo eficaz, não pode simplesmente ser imposto por coação, mas, antes de tudo, deve ser aceito pela sociedade, em respeito à dignidade própria de cada um no convívio social, impondo o reconhecimento e a delimitação da esfera própria de cada pessoa humana dentro do ordenamento jurídico vigente.

Em consequência, torna-se evidente, conforme expressão de Zippelius[63], que, "como a liberdade de cada um só pode afirmar-se à custa da limitação do âmbito de desenvolvimento da dos outros, importa partilhar a liberdade com justiça".

---

(62) Cfr. CHAIM PERELMAN e sua colaboradora LUCIE OLBRECHTS-TYTECA: *No quinto capítulo de* **Organon**, *reuniram-se os escritos de Aristóteles dedicados a uma específica forma de raciocínio, que parte de premissas meramente prováveis. O Capítulo denominou-se* **Tópicos**, *e, logo na introdução, é estabelecido um paralelo entre o silogismo analítico e o dialético. O primeiro se traduz numa demonstração fundada em proposições evidentes, que conduz o pensamento à conclusão verdadeira, sobre cujo estudo se alicerça toda a lógica formal; o outro se expressa através de um argumento sobre enunciados prováveis, dos quais se poderiam extrair conclusões apenas verossímeis, representando uma forma diversa de raciocinar.* Reconhecidamente, o pensador belga não se limitou a transpor acriticamente o conceito de dialética da Antiguidade para nossos dias, pois suas reflexões sobre o discurso argumentativo e a introdução dos conceitos de auditório interno e universal ampliaram, de modo significativo, o conhecimento acerca desse processo de comunicação. Tratado da argumentação. trad. de Maria Ermantina Galvão. 1. ed. 5. tir. São Paulo: Martins Fontes, 2002. p. XI e ss.

(63) ZIPPELIUS, R. *Teoria geral do Estado*. 2. ed. Lisboa: Editora Colouste Gulbenkian, p. 181.

4.2. A tutela constitucional e supranacional

A primeira legislação social relacionada com a regulamentação das condições de trabalho, que surgiu na Europa, no século XIX, utilizou a denominação tradicional "Segurança e Higiene no Trabalho".

O termo "segurança" foi utilizado como referência ao conjunto de medidas de prevenção e proteção contra os acidentes laborais, e o termo "higiene" às medidas "médico-higiênicas" necessárias para evitar as enfermidades decorrentes das condições do trabalho.

A partir do século XX, em nível internacional, passou a aceitar-se a nova denominação "seguridade e saúde no trabalho", que foi utilizada na Convenção da OIT n. 155, de 2 de junho de 1981, a qual regula a segurança e saúde dos trabalhadores e o ambiente de trabalho, e é tida como uma Convenção-Quadro, assim como a Diretiva-Quadro n. 89/391/CEE, de 12 de junho de 1989, relativa à aplicação de medidas destinadas a promover a melhoria da segurança e da saúde dos trabalhadores no trabalho.

A denominação foi substituída por "Segurança e Saúde no Trabalho", na década de 1980, adotada pela Convenção da OIT n. 155, de 22 de junho de 1981, sobre "Segurança e Saúde dos Trabalhadores e Meio Ambiente do Trabalho", que o Brasil ratificou em 1992 (Decreto Legislativo n. 2/92) e teve recepção automática pela ordem interna portuguesa, conforme sistema previsto na CRP (art. 8º/2).

A Diretiva n. 89/391/CEE, de 12 de junho de 1989, atendendo ao seu caráter de Diretiva-Quadro da União Europeia, deu origem às diversas outras específicas relativas à aplicação de medidas destinadas a promover a melhoria da segurança e da saúde dos trabalhadores na execução do contrato, obrigando a entidade patronal a assegurar a saúde e a segurança dos trabalhadores em todos os aspectos relacionados com o trabalho.

Trata-se de uma obrigação de resultado, que atende, em especial, ao desempenho do mero perigo, e não, necessariamente, de dano que da atividade econômica pode resultar, ou seja, por oposição à responsabilidade reativa, que responde ao dano causado, promove a responsabilidade antecipativa, alargando o campo de atuação da entidade patronal no que se refere à prevenção, informação e formação dos trabalhadores, bem como na promoção de melhores condições de trabalho, na acepção mais abrangente do termo.

Em se tratando de fonte de direito interno dos Estados-membros, a Diretiva aponta os princípios da menor periculosidade do desempenho, na impossibilidade de estabelecer-se a periculosidade zero, e da prevenção dos riscos para a segurança e saúde dos trabalhadores na escolha de equipamentos de trabalho, das substâncias ou preparos químicos e na concepção do local de trabalho.

Nesse sentido, a tutela constitucional dos Estados-membros da União Europeia, a exemplo daquela prevista na CRP, assegura a todos os trabalhadores submetidos ao ordenamento jurídico português a organização do trabalho em condições socialmente dignificantes, de forma a facultar a realização pessoal e a permitir a conciliação da atividade profissional com a vida particular; a prestação do trabalho em condições de higiene, segurança e saúde; a assistência e justa reparação, quando vítimas de acidente de trabalho ou de doença profissional (art. 59º/1, *b*, c e *f*), além do direito geral de proteção da saúde e o dever de a defender e promover, incumbindo, prioritariamente, ao Estado, disciplinar e fiscalizar as formas empresariais e privadas da medicina, de forma articulada com o serviço nacional de saúde, de modo a assegurar, nas instituições de saúde públicas e privadas, nas instituições de saúde públicas e privadas, adequados padrões de eficiência e de qualidade (art. 64º/2, *b* e n. 3, *d*).

A exemplo da maioria dos países que compõem a União Europeia, em Portugal, pelo sistema de recepção automática das normas internacionais adotado pela CRP (art. 8º, n. 2), não carece de transposição para a lei nacional aquela relacionada a doenças profissionais, que surgiu intimamente ligada à dos acidentes de trabalho, que são, em regra, considerados eventualidades a proteger no âmbito dos instrumentos normativos internacionais de segurança social. É o caso da Convenção n. 102 da Organização Internacional do Trabalho (OIT) e do Código Europeu de Seguridade Social, que, conforme CRP, não se resumem aos catalogados na parte I do texto constitucional (arts. 12º a 79º) ou outros assim denominados (art. 268º), mas todos aqueles consagrados na Constituição formal, que não excluem quaisquer outros constantes das leis e nas regras aplicáveis de direito internacional, conforme cláusula em aberto (art. 16º/1), embora faça referência expressa quanto ao idêntico regime jurídico aplicável (art. 17º).

Na Espanha, o Instituto Nacional de Seguridad e Higiene en el Trabajo (INSHT) é o órgão Científico-Técnico, especializado em administração geral do Estado, que tem como missão a análise, o estudo, a promoção e a melhoria das condições de seguridade e saúde no trabalho. Para tanto, estabelece a cooperação necessária com os órgãos das Comunidades Autônomas que atuam nessa área para desenvolver diversas funções, cujos efeitos funcionais se enquadram tradicionalmente nas seguintes linhas de ação:

- Assistência técnica;
- Estudo/investigação;
- Formação;
- Promoção/informação/divulgação;
- Desenvolvimento Normativo/Normatização;
- Treinamento/certificação de equipes de proteção e de operação;
- Cooperação técnica.
- Assessoramento da Comisión Nacional de Seguridad y Salud en el Trabajo.

Idêntica tutela encontra-se assegurada constitucionalmente, na ordem jurídica brasileira, pois trata-se de direitos fundamentais, conforme a CRFB: "Direitos e garantias fundamentais", consta do Título II, "Dos direitos e deveres individuais e coletivos" (Capítulo I – art. 5º, inciso I a LXXVII) e "Dos direitos sociais" (Capítulo

II – arts. 6º a 11), que não excluem outros decorrentes do regime e dos princípios adotados pela Constituição, a exemplo daqueles inscritos nos arts. 7º, XXII e 196) ou dos tratados internacionais em que participe como Estado-membro (art. 5º, § 2º).

Considerando esses aspectos históricos e filosóficos, podemos afirmar que os direitos fundamentais são os direitos do homem juspositivados nas ordens internas, mais acentuadamente, do tipo continental, nos quais radicam a validade de todos os atos do Estado, impondo-se a todos, por incorporar os valores básicos da sociedade[64]. Foram expressamente consignados, nestes termos, embora com antecedentes, na Constituição de Weimar (arts. 109 a 165).

Nos Estados-membros da União Europeia, a exemplo de Portugal, os direitos fundamentais devem ser aplicados a leis de direito privado como direito imediatamente vigente (art. 18º/1 da CRP), vinculando o legislador de direito privado no que pertine à sua função de "proibição de excesso" (art. 18º/2 e 3 da CRP).

O esquema do art. 18º/1 foi retirado do ordenamento jurídico alemão (art. 1º/3 da Lei Fundamental alemã [65]) para prevenir que, através de leis ordinárias, se possa frustrar o conteúdo ínsito nos direitos fundamentais, expondo a questão complexa da sua eficácia civil ou *erga omnes* porque, à partida, tais direitos deveriam dirigir-se contra o Estado e, apenas de forma reflexa, no campo privado, obrigando particulares.

O conteúdo e o alcance dos direitos fundamentais, tanto na vigência como norma objetiva de princípio, quanto nas funções de proibições de intervenção e imperativos de tutela, em relação aos preceitos de direito privado entre sujeitos particulares e entre o cidadão e o Estado, podem sofrer modificações consideráveis, particularmente para o significado dos interesses do bem comum e para a função das reservas de intervenção da lei.

Para tal distinção, há que se contrapor aos direitos fundamentais os direitos subjetivos, em sentido próprio dos restantes, pois estes últimos, por falta de especificidade do bem a que se referem, traduzem, na sua essência, permissões ou liberdades[66].

---

(64) Segundo MIRANDA, Jorge. *Manual de Direito Constitucional*. Tomo IV, Direitos Fundamentais, 3. ed. Coimbra: Coimbra Editora, 2000. p. 52-58, apesar da constante referência de direitos fundamentais a direitos do homem e vice-versa, contra a adoção deste termo em Direito constitucional militam três razões: 1º) o que se cura aqui é de direitos assentes na ordem jurídica e não de direitos derivados da natureza humana, devendo ser sempre através de normas positivas, ainda que de Direito natural positivado; 2º) a necessidade de, no plano sistemático da ordem jurídica (antes de mais, da Constituição), considerar os direitos fundamentais correlacionados com outras figuras subjetivas e objetivas, não podendo desprender-se da organização econômica, social e cultural e da organização política, exercendo aí um relevante papel dinamizador; 3º) por não se reduzirem a direitos impostos pelo Direito natural. Cfr. CANOTILHO, J. J. Gomes. *Direito constitucional e teoria da Constituição*. 7. ed. Coimbra: Almedina, 2003. p. 377, a positivação de direitos fundamentais significa a incorporação na ordem jurídica positiva dos direitos considerados "naturais" e "inalienáveis" do indivíduo. Não basta uma qualquer positivação. É necessário assinalar-lhes a dimensão de *Fundamental Rights* colocados no lugar cimeiro das fontes de direito: as normas constitucionais.

(65) MIRANDA, Jorge. *Manual...* IV ..., p. 311.

(66) MIRANDA, Jorge. *Manual...*, IV..., p. 95, apresenta pontos de contatos com a classificação de acordo com a categoria civil, na medida em que se refere a uma distinção com as contraposições publicísticas entre

Também faz-se necessária a distinção entre direitos fundamentais públicos e privados.

Direitos fundamentais públicos são os que se referem a regras administrativas, pessoais ou processuais, como o direito à tutela jurisdicional efetiva (CRFB, art. 5º, XXXVI; CRP, art. 20º), o direito à resistência (CRFP, art. 5º, II e XLI; CRP, art. 21º) e o direito à contenção das medidas criminais (CRFB, art. 5º, XXXIV a L; CRP, arts. 28º a 33º).

Os direitos fundamentais privados correspondem a regras materialmente civis ou privadas, utilizando-se de critérios histórico-sistemáticos, e correspondem a direitos de personalidade quando se referem a bens de personalidade, cujo núcleo reside nos arts. 1º/III, 5º/*caput* e X da CRFB e nos arts. 24º/1, 25º/1 e 26º/1 da CRP, do qual irradiam diversas concretizações, designadamente, no art. 5º, V, IX XI, XII, XIV da CRFB e nos arts. 34º/1, 35º/1, 37º/4 e 42º/2 da CRP.

Os direitos fundamentais submetem-se a um regime específico dotado de meios que visam assegurar a sua efetivação.

Ao vincular as entidades privadas no art. 18º/1, logicamente o constituinte referiu-se a direitos fundamentais que, estruturalmente, possam atingir outros particulares, que passam a integrar uma categoria de direitos oponíveis *erga omnes* com duas funções: 1º) isolar o direito fundamental privado concreto, constitucionalmente nominado; 2º) pôr ao abrigo de normas hierarquicamente inferiores, em razão da especial intensidade normativa.

Os direitos fundamentais submetem-se a um regime específico, dotado de meios que visam assegurar a sua efetivação; por esse motivo, sempre que um direito de personalidade integra essa categoria, beneficia-se de forma cumulativa, de modo que a sua tutela ficará reforçada.

4.3. A tutela infraconstitucional

4.3.1. Da responsabilidade civil

4.3.1.1. Lineamentos históricos

As questões alusivas à responsabilidade civil, como todas as ideias jurídicas, não escapam a uma historicidade e, por consequência, possuem um passado, um presente e, embora de forma imprecisa, haverão de sofrer modificações no futuro.

A doutrina alcança todos os seus aspectos, a iniciar, naturalmente, pela sua definição, que acusa a luta, fecunda em seu deslinde, entre a concepção tradicional da culpa e a moderna teoria do risco.

Uma análise histórica, no entanto, vincula-se, no mínimo, a pelo menos três povos: o romano, o francês e o brasileiro.

"direitos", "liberdades" e "garantias". Os direitos representam por si só certos bens e são principais, enquanto que as garantias, de forma acessória, destinam-se a assegurar a fruição desses bens.

O primeiro período teve séculos de aplicação e evolução. O segundo retomou o primeiro, deu novo delineamento, adaptando-o a novos referenciais políticos, sociais e econômicos. O terceiro, como ponto de partida porque a partir dele a análise concreta haverá de ser realizada.

O período romano consistia em situações esparsas, definidas pelos pretores, na solução dos casos concretos, pois, na realidade, faltava um princípio geral de responsabilidade.

Em matéria de responsabilidade, o direito moderno ainda usa, parcialmente, a terminologia romana.

Inicialmente, o dano escapa ao âmbito do direito, sob o domínio da vingança privada, como forma primitiva e espontânea contra o mal sofrido.

Sucede a esse período o da composição, e o prejudicado nota que mais conveniente que cobrar a retaliação seria o autor da ofensa reparar o dano com a prestação da *poena*, espécie de resgate da culpa, pelo qual o ofensor adquiria o direito ao perdão do ofendido.

A composição voluntária vulgariza-se, por fenômeno análogo ao da admissão do talião, o legislador sanciona o costume e veda à vítima o uso das próprias mãos para fazer a justiça, obrigando-a a aceitar a composição fixada pela autoridade, sem critério tarifário para certas espécies de danos, notadamente, as ofensas à honra que perdura até nossos dias sinais expressivos, em que a condenação em quantia meramente simbólica são ainda frequentes na Inglaterra e nos Estados Unidos.

Ao assumir a direção da composição dos pleitos, a autoridade passou a punir, em substituição ao particular, na atribuição de ferir o causador do dano. Evoluiu-se da justiça punitiva exclusiva, quando o ataque dirigia-se diretamente contra ela, para a justiça distributiva, quando era indiretamente atingida por certas lesões irrogadas por particulares.

O resultado foi a cisão dos delitos em duas categorias: os delitos públicos, que compreendiam as ofensas mais graves, que perturbavam a ordem, reprimidos pela autoridade, como sujeito passivo atingido, e os delitos privados, nos quais a intervenção era apenas para fixar a composição, evitando os conflitos.

Apesar de subsistir o sistema do delito privado, o fenômeno da transformação social produzia seus efeitos e ressaltava aos olhos que a regulamentação dos conflitos não era única e exclusivamente questão entre particulares.

Trata-se do direito concretizado na Lei das XII Tábuas[67], um dos fundamentos do *ius civile*. Embora ultrapassada por outras fontes do direito, foi considerada em vigor até a época de Justiniano e, segundo a tradição lendária, teria sido redigida a pedido dos plebeus por dez comissários, os *decemviri*, em 451-449 a. C., cujo texto original foi gravado em doze tábuas, fixadas no fórum, mas destruído quando do saque de Roma pelos Gauleses em 390. O texto perdeu-se e foi colocado em dúvida

---

(67) GILISSEN, John. *Introdução histórica ao Direito*. Lisboa: Fundação Calouste Gulbenkian, 1988. p. 86-87.

por alguns historiadores, mas foi parcialmente reconstituído por citações de Cícero e Aulo Gélio e por comentários, escritos por Labeo e por Gaio, designadamente, recolhidos do Digesto[68].

Na sequência, desdobrou-se a concepção da responsabilidade. A função de punir foi assumida pelo Estado e surgiu a ação de indenização. Ao lado da responsabilidade penal, passa a tomar assento a responsabilidade civil.

É na *Lex Aquilia*[69], divisor de águas da responsabilidade civil, que surgiu através de um plebiscito proposto pelo tribuno Aquilius, em face das dissensões entre patrícios e plebeus (287 a. C.), que se esboçou um princípio geral regulador da reparação do dano, o germem da jurisprudência clássica com relação à injúria e fonte direta da moderna concepção da culpa aquiliana, para equacionar as questões decorrentes dos danos.

Foi nessa época clássica que se introduziu o conceito de culpa como fundamento da reparação do dano e se substituíram as multas fixas por uma pena proporcional.

Para configurar o *damnum iniuria datum*, de acordo com a Lei Aquília, era necessário determinar três elementos: a) *damnum*, ou lesão na coisa; b) *iniuria,* ou ato contrário a direito; e c) *culpa*, quando o dano resultava de ato positivo do agente, praticado com dolo ou culpa.

Em poucas linhas: a evolução da responsabilidade civil no direito romano vai da vingança privada ao princípio de que a ninguém é lícito fazer justiça pelas próprias mãos; ao mesmo tempo que se afirma a autoridade do Estado e da primitiva assimilação da pena com a reparação para a distinção da responsabilidade civil e responsabilidade penal, já insinuando o elemento subjetivo da culpa e o princípio da *nulla poena sine lege.*

Mas subsistia, fora dos casos expressos, o caráter de pena na indenização e os textos autorizadores das ações de responsabilidade se multiplicavam, de tal modo que, no último estágio do direito romano, contemplavam não só os danos materiais, mas também os próprios danos morais[70].

---

(68) SOUZA, Mario Antônio Scheuer de. *O dano moral nas relações entre empregados e empregadores.* Erechin: Edelbra, 1998. p. 107, relata que na Lei das XII Tábuas percebe-se a ocorrência de indenizações taxadas, embora persistindo ainda a lei do Talião. Destaca-se na Tábua Sétima:

9. Aquele que causar dano leve indenizará 25 asses;

11. Se alguém fere a outrem, que sofra a pena de Talião, salvo se houver acordo;

12. Aquele que arrancar ou quebrar um osso a outrem deve ser condenado a uma multa de 800 asses, se o ofendido é um homem livre; e de 150 asses, se o ofendido é um escravo.

(69) ALSINA, Jorge Bustamante, preleciona que: "A ação estabelecida tinha por objeto o montante do prejuízo calculado sobre o mais alto valor da coisa destruída ou deteriorada havida tido, seja em um ano, seja em um mês que havia sido produzido o prejuízo". A Lei Aquília abrangia três aspectos principais: 1) a morte de escravos ou de animais que vivem em tropel; 2) dano causado a um credor principal pelo credor acessório que remitiu a dívida em prejuízo do primeiro; 3) a lesão a escravos e animais e a destruição ou deterioração de qualquer coisa corporal. A Lei Aquília excluía da condenação alguns casos, como a legítima defesa ou os atos cumpridos sem direito *(injuria). Teoria general de la responsabilidad civil,* p. 29.

(70) DIAS, José de Aguiar. *Da responsabilidade civil.* 6. ed. Rio de Janeiro: Forense, 1979. n. 10, p. 23-27.

Também foi nessa época que se separou o sentido da culpa objetiva e subjetiva, desde que o ato se originasse de um homem.

Através das Institutas de Gaio, por volta de 150 a.C., pode-se deduzir que surgiu o princípio de que todas as obrigações nascem dos contratos ou dos delitos, embora persistisse a ausência de uma clara distinção entre os campos da responsabilidade civil e penal.

A trilogia do dano, ilicitude e culpa, que teve suas raízes plantadas de forma tímida no direito romano, veio inserir-se no conceito de responsabilidade civil por toda a Idade Média e, consagrada no direito costumeiro, ingressou no direito moderno através de dois civilistas de peso: Domat e Pothier.

É o direito francês, sem dúvida, que passa a fornecer uma generalização substanciosa e uma teorização autônoma da responsabilidade civil, pois mesmo no direito germânico, em que a composição era, em regra, obrigatória, os danos eram enumerados e as reparações tarifadas, além de não haver distinção entre a responsabilidade civil e penal. Domat foi o precursor.

Em razão da sua influência na construção da doutrina francesa, pode-se afirmar que a teoria da responsabilidade civil nos códigos modernos deve muito ao Código Napoleão de 1804, mas, somente a partir do século XVIII, a "reparação" veio a desvencilhar-se da exigência de casos especiais e passou a adotar um princípio generalizador.

As referências são raras no primitivo direito português e inicia na invasão dos visigodos a legislação soberana de Portugal, com acentuado cunho germânico, mesclado pelo influxo do cristianismo e por injunções do meio ambiente. Até o século XIX, prevaleceu como fundo da legislação, no reinado de Fernando III, a conversão do Código Visigótico do *Fuero Juzgo*, fonte do direito peninsular, notadamente para a Espanha, com reflexos de um sistema de caráter misto, que acolhe, a um tempo, a *composição* germânica e o critério penal romano.

Na sequência da invasão árabe, a reparação teve constante aplicação no direito consuetudinário, mas marcou a era da composição como a satisfação de custas, e os tribunais admitiam, paralelamente, as penas corporais, sem eliminar de todo a vingança privada.

O aperfeiçoamento das instituições municipais no século XII, sob a influência das diferenças de classe no direito de reparação do dano, marca a emancipação do trabalhador em Portugal e algumas brechas foram abertas nesse sistema de iniquidade.

As Ordenações do Reino, direito vigente no Brasil colonial, primeira fase da pré-codificação, demonstraram a tradicional confusão entre a reparação, a pena e a multa, com traços marcantes do direito romano, de aplicação subsidiária, por força da *Lei da Boa Razão*.

A segunda fase inaugura-se com o Código Penal de 1830, elaborado durante o Império. Embora vigorasse no Brasil independente, em regra, vinculava a reparação a uma condenação criminal, demonstrando, de forma incipiente, sinais da independência dos juízos civil e penal, que só veio a ser estabelecida em 1941, com a Lei n. 261, no art. 68, e foi mantida pelas codificações ulteriores. Defende Aguiar Dias que o esboço do ressarcimento, no instituto da "satisfação", poderia, até os dias de hoje, oferecer aos tribunais brasileiros orientação segura para apreciar casos de responsabilidade civil[71].

A terceira fase inicia-se com Teixeira de Freitas, que, de genialidade reconhecida, defendia que a responsabilidade civil deveria libertar-se da criminal.

Entretanto, o conceito clássico que somente considera o dano quando atinge a redução ou subtração de bens patrimoniais não prevalece no direito positivo vigente no Brasil, cujo avanço substancial ocorreu com o advento do Decreto Legislativo n. 2.681, de 17 de dezembro de 1912[72]; ao regular a responsabilidade civil das estradas de ferro, introduz, inclusive, a responsabilidade objetiva. Na sequência, veio a edição do Código Civil de 1916, que insculpiu o princípio da universalização da responsabilidade civil, por culpa, e, de forma restrita, a indenização por dano moral, que surgiu de forma expressa com a Constituição Federal de 1988[73] e no Código Civil de 2002[74].

O Código Civil português aborda a matéria da responsabilidade civil em três locais distintos:

• No capítulo que trata das *fontes das obrigações*, Secção V, *responsabilidade civil* (arts. 483º a 510º), em que regula-se a responsabilidade extraobrigacional[75];

• No capítulo sobre a *modalidade das obrigações*, Secção VIII, *obrigação de indemnização* (arts. 562º a 572º), acerca de aspectos comuns às duas espécies de responsabilidade;

• No capítulo sobre *cumprimento* e *não cumprimento* das obrigações, subsecção II, secção II, *falta de cumprimento e mora imputáveis ao devedor* (arts. 798º a 812º), que regulamenta a responsabilidade obrigacional.

---

(71) PEREIRA, Caio Mario da Silva. *Responsabilidade civil*. 8. ed., rev. Rio de Janeiro: Forense, 1997, n. 6, p. 6-7.

(72) PEREIRA, Caio Mario da Silva menciona que: "Em o direito brasileiro um passo avançado ocorreu com a Lei n. 2.681, de 7 de dezembro de 1912, em relação à responsabilidade das estradas de ferro. O princípio capital foi enunciado no art. 26, quando diz: *As estradas de ferro responderão por todos os danos que a exploração de suas linhas causar aos proprietários marginais*. A preocupação inicial dizia respeito a incêndios nas plantações, depósitos de mercadorias, edificações, guarda de gado, escavações ou o que quer que seja, provocados por fagulhas desprendidas de locomotivas, àquele tempo utilizado propulsão a vapor, acionadas por carvão de lenha. In: *Responsabilidade civil*. 5. ed. Rio de Janeiro, 1994. p. 209-210.

(73) Constituição da República Federativa do Brasil, art. 5º, X: *são invioláveis a intimidade, a vida privada, a honra e a imagem das pessoas, assegurado o direito a indenização pelo dano material e moral decorrente de sua violação*.

(74) Código Civil brasileiro, art. 186: *Aquele que, por ação ou omissão voluntária, negligência ou imprudência, violar direito e causar dano a outrem, ainda que exclusivamente moral, comete ato ilícito*.

(75) Compreendem-se a responsabilidade por *ato ilícito* e a responsabilidade pelo *risco*.

A fragmentação traz a lume a falta de harmonia do sistema, a não ser por um ou outro ponto em que o regime mostra-se idêntico para as três categorias de responsabilidade extraobrigacional:

- responsabilidade por ato ilícito;
- responsabilidade por ato lícito;
- responsabilidade por risco.

Quando se ocupa da *responsabilidade civil* dá a entender que essa fórmula compreende apenas a *responsabilidade extracontratual*, mas não se pode confundir o gênero com uma das espécies, pois a latitude do gênero abrange também a *responsabilidade obrigacional*.

Pode-se definir a responsabilidade civil[76] como obrigação de reparar o dano causado a outrem. Trata-se de indenizar os prejuízos sofridos pela vítima. Indenizar significa tornar o lesado indene dos prejuízos ou danos, recolocando a situação que existia antes da ocorrência do evento danoso.

As transformações ocasionadas pela Revolução Industrial também deixaram marcas na seara da responsabilidade subjetiva, assente na culpa, que passa a admitir, sucessivamente, a responsabilidade sem culpa.

O incremento do instituto, sem dúvida, veio com a transmissão do risco, pela via dos contratos de seguro e na atualidade.

Os ordenamentos jurídicos contemporâneos buscam alargar cada vez mais o dever de indenizar, alcançando novos horizontes que apontam para uma responsabilidade cada vez mais de cunho social, a fim de que cada vez menos restem danos irressarcíveis.

4.3.1.2. Princípios norteadores

Os princípios apresentam funções características na formação de um sistema jurídico: informam as normas, direcionam a interpretação e inspiram as soluções para os casos concretos.

São categorias ideológicas que demonstram o estágio de uma disciplina num determinado momento histórico e por isso podem, por exemplo, entrar em oposição ou contradição entre si, ou seja, nas decisões fundamentais da ordem jurídica, em que subjazem exceções, certos princípios singulares podem levar a decisões contrárias. Também ocorre de incidir mais de um princípio na mesma relação jurídica.

A responsabilidade civil integra o direito das obrigações, pois sucede a transgressão de uma obrigação, de um dever jurídico ou direito, na medida em que toda

---

(76) Para Rui Stoco "A responsabilidade é, portanto, resultado da ação pela qual o homem expressa o seu comportamento em face desse dever ou obrigação. Se atua na forma indicada pelos cânones, não há vantagem, porque supérfluo em indagar da responsabilidade daí decorrente. O que interessa quando se fala de responsabilidade é aprofundar o problema na face assinalada, de violação da norma ou obrigação diante da qual se encontrava o agente". STOCO, Rui. *Responsabilidade civil e sua interpretação jurisprudencial*. 2. ed. São Paulo: Revista dos Tribunais, 1995. p. 46.

atividade humana que gere um prejuízo, *a priori*, acarreta a responsabilidade ou o dever de indenizar.

O estudo da responsabilidade civil abrange todo o conjunto de princípios e normas que regem a obrigação de indenizar.

Do direito obrigacional, pode-se, à partida, destacar o princípio da autonomia privada como expressão da liberdade de contratar, que abrange não só a escolha do modelo contratual, mas também a celebração de negócios jurídicos e a estipulação do conteúdo da prestação. Correspondente natural da liberdade é a responsabilidade.

A noção de contrato é a de que se trata de um negócio jurídico bilateral em que se exige o consentimento, conforme aponta a moderna doutrina obrigacional preconizada por *Savigny*, de extrema abrangência, assimilada por todas as sociedades, em maior ou menor grau, que torna possível a sobrevivência da humanidade, pois aproxima os indivíduos e restringe as diferenças entre eles, afastando-se a noção de que determinados bens pudessem ser adquiridos mediante violência[77].

Da função social do contrato extrai-se a consequente obrigatoriedade, que deve ser assegurada pelo ordenamento jurídico.

O Direito das Obrigações constitui a base não só do Direito Civil, mas também do Direito Comercial, Administrativo, Internacional Privado ou Público e do Trabalho.

Da necessidade de um melhor equilíbrio social, com a preocupação moral de evitar a exploração do fraco pelo forte e transpor os interesses sociais aos individuais, aplicam-se cada vez mais princípios gerais do direito, como da boa-fé, da proteção do hipossuficiente nas relações obrigacionais, vez que a valorização da pessoa humana passa a ser preocupação principal, decaindo, assim, o voluntarismo do Direito Privado, que valorizava o patrimônio.

O princípio formador de toda a teoria da responsabilidade é aquele que impõe ao causador do dano o dever de reparar.

A boa-fé atua em vários estágios das relações obrigacionais e, no ensinamento do Professor e Doutor Menezes Cordeiro[78], **exprime o modo de decidir próprio de certa ordem jurídica.**

Trata-se de princípio geral do ordenamento jurídico, limita a conduta desonesta e impõe ao outro a exigência positiva de prestar informação, diligência, cooperação, entre outras atitudes necessárias ao convívio civilizado.

---

(77) Vasta é a bibliografia sobre contratos e as noções elementares referidas podem ser encontradas em CAIO MARIO DA SILVA PEREIRA, *Instituições de Direito Civil*, 6. ed. Rio de Janeiro: Forense, 1983, Vol. III.

(78) ANTONIO MANUEL MENEZES CORDEIRO, *Da Boa-Fé no Direito Civil*, Coimbra: Almedina, 1984, Vol. I, p. 18. A obra constitui a mais notável pesquisa sobre o tema em língua portuguesa.

Desdobramento da teoria do abuso de direito[79], a boa-fé constitui um triunfo da ética na seara jurídica e pode limitar o exercício do direito subjetivo, sem, porém, haver uma fórmula geral para tanto. Corolário ao exercício abusivo do direito, encontra-se a obrigação de reparar o dano causado.

Com o afastamento da antiga responsabilidade pessoal em Direito Civil, nomeadamente a prisão por dívidas, adotou-se o sentido da responsabilidade patrimonial, pela restauração natural e por sucedâneo pecuniário, na busca do equilíbrio patrimonial e moral violados, pois todo prejuízo não reparado é fator de inquietação social.

4.3.1.3. O dano como pressuposto da reparação

A doutrina clássica faz alusão a cinco pressupostos da responsabilidade civil:

- a prática de um fato, que pode corresponder a uma ação ou a uma omissão (fato);
- o fato praticado pelo agente tem que ser ilícito (ilicitude);
- o agente deve atuar com culpa (culpa);
- tem que existir um dano na esfera do lesado (dano);
- relação causal entre o fato e o dano (nexo causal).

Indispensáveis no âmbito da responsabilidade penal, podem não ser preenchidos em caso de outro tipo de responsabilidade, a exemplo da responsabilidade pelo risco, que prescinde da culpa e da responsabilidade por intervenções lícitas, em que não há ilicitude.

Na responsabilidade civil, no entanto, é imprescindível a existência do dano e a imputação desse dano a alguém.

Dano é o prejuízo causado pelo agente e é resultado da perda de uma vantagem tutelada juridicamente. Corresponde à supressão de uma vantagem, através da perda de um direito subjetivo ou da não aquisição de um direito.

---

(79) A obra clássica a respeito do tema abuso de direito pertence a *Louis Josserand* denominada *De L'Espirit des Droits et de Leur Relativité,* que parte da ideia de que os direitos subjetivos devem obedecer a determinadas funções sociais, ou seja, o exercício de um direito deve ter por escopo o motivo legítimo. A evolução da teoria é vista no pensamento de *Saleilles,* que estabeleceu critérios para caracterizar o abuso de direito: o critério subjetivo caracteriza abusivo aquele direito exercido com intenção de prejudicar e cujo dano pode imputar-se ao sujeito exercente. O critério objetivo prescinde do elemento intencional e leva em conta o resultado danoso.

Segundo CORDEIRO, Antonio Manuel Menezes. *Da Boa-Fé...*, vol. II, p. 670-671, a expressão abuso do direito tem origem no escritor belga *Laurent,* criada para nominar uma série de situações jurídicas ocorridas na França, nas quais o Tribunal, embora reconhecesse, na questão de fundo, a excelência do direito do réu, veio a condenar, perante irregularidades no exercício desse direito. Conclui que, apesar de as pesquisas indicarem relações com fórmulas do Direito Romano, a sistematização é moderna e seu desenvolvimento ocorre, principalmente, na França.

Entretanto, nem todo dano é ressarcível. Somente aquele que preencher certos requisitos: *certeza, atualidade* e *subsistência*[80].

A doutrina entende que, para ser elemento da responsabilidade civil, o dano deve ser *atual* e *certo*.

Atual é o dano que já existe ou já existiu no momento da ação de responsabilidade. Atual, aqui, pode se prestar a alguma confusão, pois os tribunais, em face de um acidente que causa determinada enfermidade, levam em conta a redução da capacidade de trabalho da vítima e fixam a renda que ela receberá do autor do dano. O prejuízo não precisa estar inteiramente realizado; exige-se apenas a certeza de que se produzirá ou que possa ser apreciado na respectiva ação.

Certo é o fato preciso. Exclui-se de reparação o dano meramente hipotético, eventual ou conjuntural, ou seja, aquele que pode vir a não se concretizar.

A apuração da certeza, em regra, tem relação com a atualidade, nem sempre de fácil solução na prática, notadamente, quando o agente, por sua culpa, priva a vítima de realizar um ganho ou evitar uma perda, quando o fato do qual depende um prejuízo está consumado. O que importa é que a chance perdida tenha algum valor do qual a vítima se privou, qual seja, a perda de uma oportunidade, em que seja possível situar a certeza do dano.

Dano reflexo ou dano em ricochete difere da responsabilidade indireta, assim entendida aquela provocada por fato de terceiro. Trata-se, em verdade, do dano causado a uma pessoa, que "reflete" em outra, a exemplo daquele que presta alimentos, atingido por um fato que o faz perecer e priva o alimentado do benefício.

São consideradas eventualidades a proteger no âmbito dos instrumentos normativos internacionais de segurança social, como a Convenção n. 102 da OIT e o Código Europeu de Segurança Social, diferentemente da cobertura por acidente de trabalho, que se mantém na responsabilidade da entidade empregadora, embora constituída na obrigação de transferi-la para as empresas seguradoras; os riscos das doenças profissionais são geridos por uma instituição de segurança social (Centro Nacional de Protecção contra os Riscos Profissionais) e foram integrados como eventualidades cobertas pelo regime geral de segurança social em Portugal (Decreto-lei n. 248/99, de 2 de julho).

Para avaliação das incapacidades resultantes da doença profissional, da garantia dos direitos das vítimas e da apreciação jurisdicional, a instrução do processo deve conter os seguintes elementos:

- inquérito profissional para efeito, por exemplo, de histórico profissional;
- estudo do posto de trabalho, com caracterização dos riscos profissionais e sua quantificação, sempre que tecnicamente possível, para concretizar e quantificar o agente causador do acidente de trabalho ou doença profissional;

---
(80) PEREIRA, Caio Mario da Silva. *Responsabilidade Civil...*, p. 39.

- história clínica, com passado nosológico e estado atual;
- exames complementares de diagnóstico necessários (Ponto n. 13, das Instruções Gerais).

O direito penal do trabalho português, em comparação com o regime dos acidentes de trabalho, que regula os riscos inerentes ao exercício da atividade laboral, independentemente de qualquer atuação culposa do empregador, regula os comportamentos criminosos praticados contra o trabalhador no desempenho da atividade laboral, os denominados *crimes laborais*, que encontram previsão no Código do Trabalho[81], no Código Penal[82] e em variadíssima legislação avulsa, mas ainda não faz parte da consciência coletiva do mundo laboral.

Jorge Leite[83] entende que não é pacífica a determinação do bem jurídico que a norma visa proteger, sendo certo que esse **tipo de crime funciona como uma norma de protecção avançada da vida e da integridade física.**

Já o *ilícito de mera ordenação social* cuida essencialmente dos aspectos de regulação social, que se diferencia, qualitativamente, do crime, na medida em que as reações que lhe cabem não são diretamente fundamentadas num plano ético-jurídico e, por isso, não se submete aos princípios e corolários do direito criminal.

---

(81) *Trabalho de menores* (art. 608º, do CT): a utilização do trabalho de menor, em violação do disposto no n. 1 do art. 55º do CT, ainda que este seja maior de 16 anos e com a escolaridade obrigatória, em atividade que pela sua natureza ou pelas condições em que é prestada, seja *prejudicial ao seu desenvolvimento físico, psíquico e moral* (art. 60º, n. 2, do CT), é punida com pena de prisão de até 2 anos ou com pena de multa até 240 dias, se pena mais grave não couber por força de outra disposição legal (art. 608º, n. 1, do CT).

(82) *Crimes de violação das regras da construção* (art. 277º, n. 1, *a,* do Código Penal português) que dispõe:
"1. Quem:
a) No âmbito de sua actividade profissional infringir regras legais, regulamentares ou técnicas que devam ser observadas no planeamento, direcção ou execução de construção, demolição ou instalação, ou na sua modificação; (...) e criar deste modo perigo para a vida ou para a integridade física de outrem, ou para bens patrimoniais alheios de valor elevado, é punido com pena de prisão de 1 a 8 anos."
Crimes de dano em instalação e meios de segurança no trabalho (art. 277º, n. 1, *b,* do Código Penal) que diz:
"1. Quem:
a) Destruir, danificar ou tornar não utilizável, total ou parcialmente, aparelhagem ou outros meios existentes em local de trabalho e destinados a prevenir acidentes, ou, infringindo regras legais, regulamentares ou técnicas, omitir a instalação de tais meios ou aparelhagem; (...) e criar deste modo perigo para a vida ou para a integridade física de outrem, ou para bens patrimoniais alheios de valor elevado, é punido com pena de prisão de 1 a 8 anos."
Crimes de violação das regras de segurança no trabalho (art. 152º, n. 1 e 4 do Código Penal) que preconiza:
"1. Quem, tendo a seu cuidado, à sua guarda, sob a responsabilidade da sua direcção ou educação, ou a trabalhar ao seu serviço, pessoa menor ou particularmente indefesa, em razão de idade, deficiência, doença ou gravidez, e:
a) lhe infligir maus-tratos físicos ou psíquicos ou a tratar cruelmente;
b) a empregar em actividades perigosas, desumanas ou proibidas; ou
c) a sobrecarregar com trabalhos excessivos;
d) é punido com pena de prisão de 1 a 5 anos, se o facto não for punível pelo art. 144º (...)
4. A mesma pena é aplicável a quem, não observando disposições legais ou regulamentares, sujeitar trabalhador a perigo para a vida ou perigo de grave ofensa para o corpo ou a saúde."

(83) *Direito penal do trabalho:* uma sentença histórica, QL n. 11, p. 110.

Mas, para a determinação do dano, como elemento objetivo da responsabilidade civil, é imprescindível a determinação da ofensa a um bem jurídico não somente ao patrimonial, mas também a toda lesão à integridade física ou moral.

4.3.2. Dos direitos de personalidade

4.3.2.1. Da origem histórica e conceitual

O trabalhador não se despe de suas vestes de cidadão quando se torna sujeito da relação de trabalho, mas a empresa, na maioria das situações na vigência do contrato, só o reconhece como fornecedor da mão de obra, não como cidadão.

Como cidadão, todo trabalhador tem direito à manutenção do patrimônio básico constitutivo da personalidade humana durante a contratualidade.

Para analisar os efeitos da tutela da pessoa humana, surgem imediatas dificuldades na determinação apriorística do objeto material, pois, no centro e na fluência do estudo, está cada pessoa, irradiando daí, muitas vezes com antinomia, desígnios de diversas ordenações, transmitidos através da estrutura jurídica, porque, afinal, é a pessoa o ponto de partida de todo o Direito, a razão da sua existência.

Desde a primeira concepção da sociedade e da vida, na antiguidade greco--romana, o homem era visto como parte no todo (Lei dos Cosmos), sem nenhuma autonomia: como a "medida de todas as coisas", por Protágoras; ou como "um ser ou *animal político* e só no Estado, na convivência com os seus semelhantes, atinge o seu desenvolvimento completo", por Aristóteles.

Na demarcação da individualidade, em razão do caráter totalitário da *polis*, foi fundamental o contributo dos estoicos e mais, particularmente, do cristianismo, que tinha como base a consideração da pessoa divina, a partir da qual estabeleceu--se o que havia de comum com a pessoa humana para justificar a integração no mesmo conceito.

A individualidade reivindicada foi introduzida na linguagem filosófica como *"pessoa"*[84], derivada do latim *persona*, que significa máscara, para designar os papéis representados pelo homem na vida, pelo estoicismo popular e como representação espiritual pelo cristianismo.

Para efeitos de direito, a pessoa, dogmaticamente falando, é um centro de imputação de normas jurídicas[85] e a personalidade é a aptidão, reconhecida pela ordem jurídica a alguém para exercer direitos e contrair obrigações[86].

---

(84) Há outra vertente que considera o *homem* o conceito ontológico prévio, mas a evolução cultural levou a contrapor ao termo, como espécie do reino animal e a *pessoa* como representação espiritual, razão da sua prevalência atualmente. LARENZ, K. *Metodologia da ciência do direito.* Trad. José Lamego. 3. ed. Lisboa: Fundação Calouste Gulbenkian, 1997. p. 652, dá-nos o conceito concreto-geral de "pessoa" como "*ser corpóreo, anímico e espiritual, que se realiza de modo diverso nestas três dimensões e se abre a novas possibilidades"*, a quem atribuímos um valor especial, uma dignidade e, com respeito à sua posição no Direito, certas capacidades como a de gozo, exercício ou imputabilidade.

(85) Nesse sentido A. MENEZES CORDEIRO, *Tratado de Direito Civil Português*, I (*Parte Geral*), Tomo I, Coimbra: Almedina, 1999, p. 156;

(86) CLÓVIS BEVILÁQUA, *Theoria Geral do Direito Civil,* Rio de Janeiro: Livraria Francisco Alves, 1908, p. 80.

Entretanto, da verificação de um fato jurídico nem sempre resulta a constituição, modificação ou extinção de uma relação jurídica, que, a rigor é sempre relação entre duas ou mais pessoas. Também pode resultar na aquisição de um *status* ou qualidade jurídica.

Podemos, então, afirmar que a personalidade é um *status* ou qualidade jurídica adquirida pela pessoa, pelo simples fato de existir, e não resulta de uma relação jurídica. Não se trata de criatura, mas de um dado extrajurídico, ontológico que se impõe ao Direito.

No ordenamento jurídico, visto como uma realidade global para além das regras pelas quais se traduz, torna-se nítido que, subjacente a todos os seus elementos integrantes, há o reconhecimento de determinados valores humanos gerais, sobretudo a dignidade humana e o valor da personalidade humana.

Mesmo assim, a consciência de uma categoria de direitos atribuídos à pessoa humana para defesa de sua dignidade só viria a despertar, por influência existencial da História e da cultura jurídica, nos últimos três séculos, ainda não compartilhada por todos os povos da terra[87].

A tradição jusracionalista de obter-se a tutela da pessoa através do direito público explica o desinteresse civil pelo tema até o início do século XX, quando a dramática experiência da II Guerra Mundial despertou a comunidade jurídica para a fragilidade cultural e para a necessidade de instrumentalizar a ciência jurídica, prevenindo-se contra os excessos cometidos pelo Estado.

Esse conjunto de fatos explica o incremento dos direitos fundamentais no Direito Constitucional e dos direitos de personalidade no Direito Civil, com largas zonas de coincidência, sem, no entanto, equivalerem-se.

Historicamente, os direitos de personalidade tornaram-se possíveis a partir da descoberta da pessoa, com o pensamento greco-cristão, mais acentuadamente nos últimos três séculos, num movimento marcado por desvios na formulação jusracionalista, que disseminou-os para a polêmica política, partindo do pressuposto do primado do direito subjetivo sobre o direito objetivo, do qual os direitos deixavam à sombra os deveres, igualmente fundamentais para demarcar a posição do homem na sociedade. O direito subjetivo foi pensado como meio de controle de bens exteriores e a transposição para o campo da pessoa não foi possível, sem antes vencer as especificidades que representavam os "direitos sobre a própria pessoa".

A ideia de "bem de personalidade", base de qualquer dogmática coerente de direitos de personalidade, surgiu na fase final do pandectismo, num progressivo

---

(87) Sobre a evolução histórica da tutela jurídica da dignidade humana, ver CORDEIRO, A. Menezes. *Tratado de Direito Civil português*. I (Parte Geral), tomo III (Pessoas). Coimbra: Almedina, 2004. p. 17-27 e sobre a evolução em Portugal ver também o mesmo autor em *Os direitos de personalidade na civilística portuguesa*. CORDEIRO, A. Menezes; LEITÃO, L. Menezes; GOMES, Januário da Costa (Coords.). *Estudos em homenagem ao professor Doutor Inocêncio Galvão Telles*. 1. vol. Coimbra: Almedina, 2002. p. 21-24.

domínio da periferia da personalidade, que permitiu o esforço da abstração necessária para autores como Ferdinand Regelsberg e Otto Von Gierke reportarem-se a direitos subjetivos privados e não patrimoniais como direitos de personalidade.

Reconhecendo a relatividade de toda classificação, o Professor e Doutor José de Oliveira Ascensão fez a tripartição em direitos[88]:

— à personalidade;

— à conservação da personalidade; e

— à realização da personalidade.

Os direitos à personalidade dizem respeito ao patrimônio básico constitutivo da personalidade, que correspondem aos clássicos como o direito à vida e à integridade física.

Os direitos à conservação da personalidade têm uma feição defensiva, domínio clássico das garantias, que buscam assegurar a pessoa contra intromissões exteriores e abrangem, por exemplo, a inviolabilidade do domicílio, a confidencialidade das cartas missivas e a reserva da intimidade da vida privada.

Embora garantida na sua existência e na sua individualidade, não é evento acabado, uma vez que o homem, na sua essência, tende a aperfeiçoar-se de forma ilimitada e, para tanto, necessita da garantia de espaço de atuação dos direitos à realização (desenvolvimento) da personalidade, que se concentra especialmente na ideia de liberdade, que vai desde a criação cultural até a liberdade de participação social (reunião, associação, manifestação).

Concluindo: pelo fato de existir a pessoa adquire a personalidade, um *status*, uma qualidade que se impõe ao Direito de forma objetiva na regulação supranacional, lei constitucional e na lei ordinária, cuja *ratio* funda-se em razões de ordem pública, como um dever de todos, Estado e até mesmo do seu titular de respeitar a dignidade humana (direito objetivo de personalidade), e também, subjetivamente, independente da tutela objetiva, conferindo meios ou poderes ao seu titular para defesa da sua própria dignidade (direito subjetivo de personalidade).

4.3.2.2. Dos direitos de personalidade afetados na ocorrência das doenças ocupacionais

4.3.2.2.1. Do direito objetivo e subjetivo à vida

O direito à vida encontra-se consagrado em todos os ordenamentos jurídicos, como se vê, por exemplo, na Constituição da República Federativa do Brasil e na

---

(88) Sobre a matéria ver *Direito Civil — Teoria geral.* vol. I. 2. ed. Coimbra: Coimbra Editora, 2000. p. 107-108; adotando designação de Hubmann (*Persönlichkeitsrecht*, §§ 21 e segs.).

Constituição da República portuguesa, como um dos fundamentos do Estado[89] e como categoria nuclear constituída pelos direitos, liberdades e garantias, que se classificam em pessoais, participação política e dos trabalhadores[90], no Código Civil, em que a *pessoa* caracteriza o primeiro núcleo, lugar onde se situa o Direito de Personalidade, expresso nas tutelas geral[91] e especiais[92].

Isso ocorre porque os grandes princípios, que dizem respeito ao homem comum, estão assentes na Constituição positivada na civilização do tipo europeu--continental e surgiram da preocupação despertada na comunidade jurídica para a fragilidade cultural e para a necessidade de instrumentalizar a ciência jurídica contra os excessos cometidos pelo Estado e impor-se ao regime democrático pós--guerra, rompendo, assim, a tradição jusracionalista de obter-se a tutela da pessoa através do direito público que afastou o interesse do Direito Civil pelo tema até o início do século XX.

O conjunto de fatos explica o incremento dos direitos fundamentais no Direito Constitucional e dos direitos de personalidade no Direito Civil, com largas zonas de coincidência entre os mais importantes direitos de personalidade (direito à vida, à liberdade de locomoção e outras liberdades fundamentais, além de vários direitos pessoais como a identidade pessoal, a capacidade civil, a cidadania, o bom nome e reputação, a imagem e a reserva da intimidade da vida privada e familiar), que estão previstos na Constituição, mas entre os quais não há equivalência.

Ao adquirir personalidade, uma qualidade que se impõe ao Direito de forma objetiva, a pessoa não perde o seu direito subjetivo, que lhe confere meios ou poderes ao seu titular para defesa da sua própria dignidade (direito subjetivo de personalidade)[93].

---

(89) As Constituições da República portuguesa e brasileira, logo em seu art. 1º, afirmam que são repúblicas fundadas na dignidade da pessoa humana e consagram a inviolabilidade do direito à vida, à liberdade, à igualdade (arts. 13º, 24º e ss. da CRP e art. 5º da CF), demonstrando, além da decisão fundamental tomada pelos constituintes a respeito do sentido, da finalidade e da justificação do exercício do poder estatal e do próprio Estado, que reconhece expressamente que é o Estado que existe em função da pessoa humana, e não o contrário, já que o homem constitui a finalidade precípua, e não meio da atividade estatal.

(90) Título II (Direitos, liberdades e garantias), Capítulo I (Direitos, liberdades e garantias pessoais) da CRP; Título II (Dos direitos e garantias fundamentais), Capítulo I (Dos direitos e deveres individuais e coletivos) da CF.

(91) Art. 70º do CCP e arts. 11 e 12 do CCB.

(92) Arts. 71º a 80º do Código Civil português e arts. 13 a 21 do Código Civil brasileiro.

(93) Segundo CORDEIRO, A. Menezes. *Tratado de Direito Civil português*. I (Parte Geral), tomo III..., *cit.*, p. 29, originariamente, os direitos de personalidade exprimem posições jurídicas protegidas pelo Direito objetivo e surgem no Direito Civil como tradução da técnica jurídica privada no domínio da tutela humana; ASCENSÃO, J. de Oliveira. *Direito Civil*. Teoria geral. vol. I. 2. ed. Coimbra: Coimbra Editora, 2000. p. 82-83, defende a existência de uma categoria de direitos da personalidade, como ramo do direito civil, que devem representar um mínimo para criar um espaço no qual cada homem poderá desenvolver a sua personalidade e também um máximo pela intensidade da tutela que recebem, como manifestações histórica, sensíveis a variações no tempo e no espaço, que não se confundem com os direitos pessoais ou direitos fundamentais em razão

Na sua formulação típica, tanto o direito fundamental à vida, quanto o direito subjetivo à vida, não suscitam conflitualidade, que surge, entretanto, em zonas periféricas onde não há consenso, por exemplo, sobre as condições de ilicitude do aborto ou se a ilicitude do aborto decorre da tutela do bem "vida" ou de outra valoração específica, sobre as condições da eutanásia e da doação de órgãos.

Tão intensa tem sido a proteção à vida, que o Estado a protege do seu próprio titular (suicídio), da genitora (aborto) e dos entes queridos (eutanásia).

Não é diferente nas relações juslaborais.

É dever do Estado assegurar o direito à vida dos sujeitos na relação juslaboral, o que não impede o titular de utilizar todos os meios e poderes para defendê-la quando ameaçada, por mais relevante que seja a atividade econômica em que se encontra inserido por força do contrato de trabalho firmado.

Dos estudos e pesquisas sobre diversas doenças ocupacionais, a exemplo daqueles expostos nos itens "3.4.1." (Exposição ao asbesto ou amianto) e "3.4.2." (Exposição à sílica), verifica-se que as condições ocupacionais podem levar os trabalhadores a óbito, num processo longo, mas que afeta o direito à vida, patrimônio essencial da personalidade humana, que deve ser preservado na relação laboral, uma vez que as atividades perigosas põem em causa a própria vida, as atividades insalubres reduzem a higidez e, ainda, as atividades penosas desgastam, gradativamente, as forças vitais.

4.3.2.2.2. Do direito à integridade física e moral

A cultura romana já reconhecia que os ataques não ocorriam somente contra a integridade física do indivíduo, ao distinguir claramente quando o alvo atingido era a dignidade ou a honra da pessoa.

O art. 18º do Código do Trabalho português traz alguns aspectos do art. 25º da CRP e afinidades com o art. L.120.2 do *Code du Travail* da França, art. 4º do

---

da demarcação do âmbito baseada em vários critérios, que nunca devem perder de vista a sua essência: o próprio fundamento ético que está na base do instituto. VASCONCELOS, P. Pais de. *Teoria geral do Direito Civil*. 2. ed. Coimbra: Almedina, 2003. p. 38, afirma que a primeira consequência da personalidade é a titularidade de direitos de personalidade que considera uma *exigência ontológica da actuação do homem*, adotando a definição do conceito de SILVA, Gomes da. Esboço de uma Concepção Personalista do Direito. Separata da *Revista da Faculdade de Direito da Universidade de Lisboa*, vol. XVII, Lisboa: E. N. P., 1965. CUPIS. Adriano de. *Os direitos de personalidade*. trad. Adriano Vera Jardim e Antonio Miguel Caeiro. Lisboa: Livraria Morais Editora, 1961. p. 17, entende que todos os direitos, na medida em que destinados a dar conteúdo à personalidade, poderiam chamar-se "direitos da personalidade", mas na linguagem jurídica corrente essa designação é reservada àqueles direitos subjetivos cuja função, relativamente à personalidade, é especial, constituindo o *minimum* necessário e imprescindível ao seu conteúdo. SOUSA, R. V. A . Capelo de. *O Direito Geral de Personalidade*. Coimbra: Coimbra Editora, 1995, desenvolve o pensamento de um direito geral de personalidade como necessidade para a defesa e desenvolvimento das personalidades humanas, como elemento imprescindível do patrimônio jurídico da comunidade portuguesa de pessoas livres, iguais em direitos e solidárias.

Estatuto de los Trabajadores da Espanha e art. 373-A da *Consolidação das Leis do Trabalho* do Brasil.

Trata-se de preceito que inscreve um "direito" de personalidade clássico, que diz respeito ao patrimônio básico constitutivo da personalidade humana: a integridade física e moral da pessoa.

A garantia da tutela da integridade física e moral dos sujeitos envolvidos na relação juslaboral, na sua essência, consagra a proteção do trabalhador, como uma forma jurídica de buscar o equilíbrio de forças contra potenciais investidas do empregador ou seus representantes.

Se o direito à integridade física dos sujeitos laborais não suscita dúvidas quanto à definição do comportamento agressor na concretização da tutela, por se tratar de manifestações exteriores, o mesmo não se pode dizer da integridade moral, composta por diversos elementos psicológicos, que, no mais das vezes, são desconhecidos até mesmo da pessoa agredida.

A integridade moral encontra-se assegurada constitucionalmente (CRFB, art. 5º, incisos V e X; CRP, art. 25º), e outros aspectos especificados, a exemplo do direito à imagem, tanto na Constituição (CRP, art. 26º), como no Código Civil brasileiro (art. 20) e português (art. 79º).

As agressões morais são cada vez mais frequentes no âmbito das relações juslaborais, por diversas razões que podemos destacar, sem a pretensão de exaurir o tema: a busca de uma maior produtividade e competitividade das empresas numa economia globalizada; as mudanças estruturais das organizações empresariais e a introdução das mulheres no mercado de trabalho, modificando diversos institutos sobre os quais sempre radicaram a própria ciência do Direito do Trabalho, na busca de técnicas jurídicas para compensar o desequilíbrio entre as partes; o medo de perder o emprego, num mercado de trabalho cada dia mais exigente e menos preocupado com o caráter social do emprego.

De fato, não é somente o medo do desemprego que explica a submissão das vítimas de comportamentos violadores da integridade moral dos trabalhadores, conhecidos por *mobbing* ou assédio moral[94], também tratado pelo legislador como comportamento discriminatório no art. 24º do Código do Trabalho português.

Apesar de as agressões morais requererem um procedimento mais perverso que nas agressões físicas, as manobras utilizadas para manter o poder e controle da pessoa visada são, aparentemente, sem importância e só tendem a um grau maior de violência, à medida que surgem resistências a elas.

O processo de desqualificação da pessoa visada é diversificado: pode-se, por

---

(94) Sobre o assunto ver REDINHA, R. Assédio moral ou *"mobbing"* no Trabalho. In: *Estudos em homenagem ao prof. Doutor Raúl Ventura.* v. II. Coimbra, 2003. p. 833-847).

exemplo, levantar dúvidas, progressivamente, sobre a sua capacidade profissional, questionando tudo o que faz ou diz; negar a sua presença, não lhe cumprimentando ou não lhe dirigindo a palavra ou, ainda, aproveitando-se de alguns minutos de atraso para deixar um recado escrito em cima da sua mesa, em vez que fazer o pedido diretamente; fazer críticas indiretas dissimuladas em brincadeiras, ironias ou sarcasmos; insinuar dúvida nos outros colegas através de conversas carregadas de subentendidos, de não ditos para dar origem a mal-entendido malévolo, de modo que a pessoa visada perceba o que se passa, sem que possa defender-se; isolar a pessoa visada, cortando as alianças possíveis, pois uma pessoa sozinha é muito mais difícil de rebelar-se — por exemplo, instalar um executivo numa sala distante, com telefone desconectado do restante da empresa e sem função definida —; confiar tarefas inúteis ou degradantes ou fixar metas impossíveis de serem atingidas, que obriguem a pessoa a dedicar-se dia e noite e fins de semana para, no final, ver o trabalho tão urgente ser jogado fora; induzir a pessoa visada a erro não só para criticá-la ou para rebaixá-la, mas também para que tenha uma péssima imagem de si mesma; assediar sexualmente como forma de afirmar o poder, dando a entender que a pessoa visada está "à disposição" e tem o dever de aceitar e até sentir-se "lisonjeada" por ter sido "a escolhida", não se admitindo recusa, que, se ocorrer, haverá em revide humilhações e agressões, como "foi ela que provocou".

O assédio moral, segundo estudos na área da medicina psiquiátrica[95], trata-se de violência declarada, mesmo quando oculta, que tende a dirigir seu ataque à identidade do outro e dela extrair toda a individualidade, num verdadeiro processo de destruição moral, que pode, em casos extremos, levar à doença mental ou ao suicídio, conforme exposto no item "3.3." deste trabalho (*Distúrbios Mentais Relacionados ao Trabalho*).

O comportamento também pode ser considerado ato discriminatório do empregador, quando tiver na origem relação racial ou étnica, segundo definição constante da Diretiva 76/207, do Conselho de 9 de fevereiro (art. 2º/2) e Diretiva 2000/43, do Conselho de 29 de junho (art. 2º/3).

---

(95) Cfr. HIRIGOYEN, Marie-France. *Assédio moral:* a violência perversa no cotidiano. Trad. de Maria Helena Kühner. 5. ed. Rio de Janeiro: Bertrand Brasil, 2002; por assédio em um local de trabalho temos que entender toda e qualquer conduta abusiva que se manifesta sobretudo por comportamentos, palavras, atos, gestos, escritos que possam trazer dano à personalidade, à dignidade ou à integridade física de uma pessoa, pôr em perigo seu emprego ou degradar o ambiente de trabalho. Acrescenta que, embora o assédio no trabalho seja tão antigo quanto o próprio trabalho humano, somente no começo desta década foi realmente identificado como fenômeno destruidor do ambiente de trabalho, não só como causa de diminuição da produtividade como também favorecendo o absenteísmo, devido aos desgastes psicológicos que provoca. O fenômeno foi estudado, principalmente, nos países anglo-saxões e nos países nórdicos, qualificado como *mobbing*, termo derivado de mob (borda, bando, plebe), que dá a conotação de algo importuno. Atualmente, diversos países, os sindicatos, os médicos do trabalho e as organizações de planos de saúde começam a interessar-se pelo fenômeno. Na França, nos últimos anos, tanto nas empresas quanto na mídia, a questão tem girado sobretudo em torno do assédio sexual, a única levada em conta pela legislação francesa, e que não passa, porém, de um dos aspectos do assédio *lato sensu*. O grande problema do assédio é que nasce como algo inofensivo e propaga-se insidiosamente. Não se morre diretamente dessas agressões reiteradas, mas perde-se uma parte de si mesmo. Volta-se para casa, a cada fim de expediente, exausto, humilhado, deprimido. E é difícil recuperar-se.

Acresça-se, ainda, que a todo trabalhador é assegurado o direito de prestar trabalho em condições de higiene, segurança e **saúde**; à assistência e justa reparação, quando vítima de acidente de trabalho ou doença profissional (CRP, art. 59ª, *c* e *f*), bem como à redução dos riscos inerentes ao trabalho, por meio de normas de saúde, higiene e segurança, com seguro contra acidente de trabalho a cargo do empregador, sem prejuízo de indenização a que está obrigado em caso de culpa ou dolo (CRFB, art. 7º, incisos XXII e XXVIII).

Pelo Decreto-Regulamentar n. 20/2001, de 22 de dezembro, que define e regulamenta a estrutura das carreiras do grupo de pessoal técnico de inspeção do quadro de pessoal do então Idict em Portugal, compete aos inspetores do trabalho notificar para a adoção de medidas imediatamente executórias, inclusive suspensão de trabalhos em curso, em caso de *risco grave* ou *probabilidade séria de verificação de lesão da vida, da integridade física* ou *da saúde dos trabalhadores*.

Da redefinição do conceito de saúde do trabalhador, conforme Comissão mista da OMS e OIT, verifica-se que não se contém, apenas, na vigilância médica visando à ausência de doença ou enfermidade (art. 3º, *c*, da Convenção 155 da OIT), mas, sobretudo, compreende a promoção e a manutenção do mais alto grau de bem-estar *físico, mental e social* dos trabalhadores em todas as profissões.

Portanto, em todas as ocorrências das doenças ocupacionais, coloca-se em causa a integridade física, agravada em alguns eventos danosos, pela afetação da integridade moral do trabalhador, que tem o direito subjetivo à tutela jurídica que exija a cessação à ameaça ou à lesão a direito da personalidade, sem prejuízo do direito às perdas e danos e outras sanções previstas em lei (art. 12 do Código Civil brasileiro).

4.3.2.2.3. Do direito à proteção aos dados relativos à saúde

O direito à reserva da intimidade da vida privada traduz a feição mais defensiva dos direitos de personalidade, como "garantia" da conservação da personalidade humana contra intromissões externas.

A inviolabilidade da vida privada da pessoa encontra tutela como direito de personalidade (CCB, art. 21; CCP, art. 80º), como direito fundamental do cidadão (CRFB, art. 5º, inciso X; CRP, art. 26º/1) e no direito penal, em que a preocupação protetiva vem sendo intensificada (Lei n. 9.029, de 13.04.1995[96]; CPB, art. CPP, arts. 190º a 198º — "Dos crimes contra a reserva da vida privada").

---

[96] Proíbe a exigência de atestados de gravidez e esterilização, e outras práticas discriminatórias, para efeitos admissionais ou de permanência da relação jurídica de trabalho no Brasil, estabelece pena de detenção de 1 (um) a 2 (dois) anos e multa, multa administrativa, proibição de obter empréstimo ou financiamento junto a instituições financeiras oficiais e, em caso de rompimento da relação de trabalho, faculta ao empregado optar entre a readmissão com ressarcimento integral de todo o período de afastamento ou a percepção, em dobro, da remuneração do período de afastamento.

Outros aspectos da vida privada ganham importância nas instâncias nacionais, também na esfera trabalhista, a exemplo do Código do Trabalho português (arts. 16º, 17º e 19º), do *Code du Travail* da França (arts. L.121.6 e L. 121.7), do *Estatuto de los Trabajadores* da Espanha (art. 4º), Consolidação das Leis do Trabalho do Brasil (art. 373-A) e internacional (Directiva n. 95/46/CE do Parlamento Europeu e do Conselho, de 24 de outubro de 1995, relativa à proteção de pessoas singulares quanto ao tratamento e à livre circulação de dados), diante da utilização dos meios informáticos, sobretudo quando se cruzam as informações, deixando a pessoa numa situação bastante vulnerável.

Pertence à categoria das "garantias", com nítida função de defesa, que possui alguns direitos de personalidade especiais.

Busca-se autonomizar e distinguir as situações, utilizando-se a teoria das três esferas da vida privada: a) *esfera íntima*, que abrange a vida familiar, saúde, comportamentos sexuais e convicções políticas e religiosas, que exige uma proteção, em princípio, absoluta; b) *esfera privada*, em que, apesar de situar aspectos da vida privada, a proteção é relativa e pode ceder em caso de conflito com outros direitos e interesses superiores; c) *esfera pública*, que se refere a aspectos da vida privada de conhecimento geral e podem ser livremente divulgados[97].

Refere-se à esfera privada do candidato a emprego ou trabalhador, protegido pelo direito à reserva, mas que pode ceder quando forem relevantes para avaliar a aptidão para admissão do candidato a emprego ou necessários para a execução do contrato, no caso do trabalhador.

Os aspectos que integram a esfera íntima e, por isso, tendencialmente secreta do candidato a emprego ou trabalhador: saúde, gravidez, convicções religiosas, políticas ou ideológicas, comportamentos sexuais ou hábitos pessoais.

Apesar dessa preocupação protetiva em nível legislativo, o direito de personalidade trata-se de disciplina menos precisa e, por vezes, leva a consequências ilógicas.

Uma amplitude descomensurada poderia levar à abrangência de outros direitos como à confidencialidade das cartas-missivas ou ao direito de imagem da pessoa, e, em extremo, até ao *right to be alone*, do qual originou o *right of privacy*[98] na

---

(97) Cfr. LEITÃO, L. M. T. de Menezes. *Código do Trabalho anotado*. Coimbra: Almedina, 2003. nota n. 2 ao art. 17º, p. 38.

(98) Cfr. explica PINTO, Paulo Mota, pode-se verificar que a "*infraestrutura" teleológica do problema da tutela da **privacy** é caracterizada por uma fundamental contradição: de um lado, o interesse do indivíduo pela privacidade, isto é, subtrair-se à atenção dos outros, em impedir o acesso a si próprio ou em obstar à tomada de conhecimento ou à divulgação de informação pessoal (interesses esses que, resumindo, poderíamos dizer serem os interesses em evitar a intromissão dos outros na esfera privada e em impedir a revelação da informação pertencente a essa esfera). De outro lado, fundamentalmente o interesse em conhecer e em divulgar a informação conhecida, além do mais raro em ter acesso ou controlar os movimentos do indivíduo, interesses que ganharão maior peso se forem também interesses públicos*. In: *O direito à reserva sobre a intimidade da vida privada*, Boletim da Faculdade de Direito da Universidade de Coimbra, Vol. LXIX, p. 508 e ss.

cultura norte-americana, com tendência a cobrir todo o domínio onde a pessoa poderia refugiar-se, como mera oposição ao domínio público.

Também se revela a tendência abrangente do direito à privacidade, na evolução jurisprudencial francesa.

Mas, no Brasil e em Portugal, a evolução corresponde à do direito romanístico, de natureza singular e essencial da personalidade humana, por oposição a outros concretos direitos. Ao autonomizar outros direitos conectados à vida privada, exclui o âmbito de atuação do direito genérico à reserva, que deve ser considerado residual.

Tanto isso é verdade que o art. 16º do Código de Trabalho, vigente em Portugal desde dezembro/2003, amplia o disposto no art. 80º do CCP, para traduzir um princípio geral de respeito mútuo dos sujeitos laborais quanto aos direitos de personalidade e especificamente a tutela que abrange não só o *acesso* como também a *divulgação* de aspectos sobre a intimidade da vida privada, tratando, também, do dever de respeito a determinados aspectos da vida particular que os sujeitos na relação juslaboral não queiram expressar.

O art. 17º do referido Código, que trata da proteção de dados pessoais, disciplina as exceções feitas ao empregador e abrange, no âmbito de atuação, além dos sujeitos vinculados ao contrato laboral, os candidatos a emprego na fase pré-contratual, integrando os atos e negócios jurídicos preliminares, como provas de seleção e contratos-promessas de trabalho. Em razão do pronunciamento do Tribunal Constitucional, pela inconstitucionalidade da norma, na parte que admitia o acesso direto por parte do empregador às informações relativas à saúde ou estado de gravidez[99], o preceito foi alterado, com o acréscimo da disposição contida no n. 3: as informações exigidas ao candidato a emprego ou trabalhador são prestadas a médico, que, por sua vez, só pode comunicar ao empregador sobre a aptidão ou não para o desempenho da atividade contratual.

O art. 19º do Código do Trabalho guarda pertinência em alguns aspectos com a CRP (art. 26º), o CCP (art. 80º), o *Estatuto de los Trabajadores* da Espanha (art. 4º) e a *Consolidação das Leis do Trabalho* do Brasil (art. 373-A).

O legislador, num processo de autonomização semelhante àquele empregado na proteção de dados pessoais no art. 17º, especifica o direito à proteção dos dados relativos à saúde, ante a relevância de outros direitos, de igual magnitude, a ele contraposto: a segurança do trabalhador e de seus colegas, assim como da sociedade de um modo geral, dependendo da atividade a ser exercida em decorrência do contrato de trabalho.

---

(99) Cfr. Acórdão do Tribunal Constitucional n. 306/2003, de 23 de junho, publicado em *Diário da República,* 1-A, de 18-jul.-2003 (Proc. n. 382/2003, Relator: Cons. Mário Torres), ao pronunciar-se a pedido do Presidente da República sobre a constitucionalidade da segunda parte do n. 2, do art. 17º do Código do Trabalho, por eventual violação dos arts. 26º e 18º/2 da CRP.

A primeira parte do n. 1 do referido artigo, à semelhança do art. 17º (Proteção de dados pessoais), traduz o princípio geral de proibição expressa relativamente à realização de testes e exames médicos de qualquer natureza, para comprovação das condições físicas ou psíquicas do trabalhador ou do candidato a emprego.

Por essa via, são ilícitas quaisquer exigências, na admissão ao contrato de trabalho ou durante a sua execução, relativas a testes destinados a verificar situações que integram a intimidade da vida privada do destinatário da proteção, nomeadamente, alcoolismo ou toxicodependência, doenças como a soropositividade ou, ainda, as características genéticas, que entendemos encontrarem abrigo da tutela conferida ao trabalhador.

A segunda parte do n. 1 admite exceção à regra geral: 1º) os testes que tenham por finalidade a proteção e segurança do trabalhador, demais colegas de trabalho ou terceiros e 2º) quando a natureza da atividade profissional justificar a exigência.

Pelo caráter excepcional, assim como no art. 17º do mesmo texto legal (Proteção de dados pessoais), a restrição ao direito à reserva da intimidade da vida privada do trabalhador ou candidato a emprego só pode ser efetuada mediante o preenchimento de três requisitos, de forma cumulativa e respectiva, de natureza substantiva, formal e procedimental[100]: 1º) *substantivo* — o empregador só pode exigir as informações relativas à vida privada quando estritamente necessárias para avaliar a aptidão do candidato a emprego ou para a execução do contrato pelo trabalhador, para proteção da segurança do trabalhador ou terceiros, ou quando particulares exigências da atividade justificar; 2º) *formal* — para obter as informações, o empregador deve preencher o requisito formal, que consiste no fornecimento, por escrito, ao candidato a emprego ou trabalhador, do fundamento invocado para a exigência e que as informações sejam prestadas a médico; 3º) *procedimental* — deve, ainda, observar o procedimento, pois as informações não podem ser obtidas diretamente pelo empregador, exigindo a intermediação de um médico, que só pode comunicar as informações relativas à aptidão ou não para o desempenho das atividades contratuais, salvo autorização expressa do candidato a emprego ou trabalhador.

Trata-se de soluções consagradas pela jurisprudência portuguesa, especialmente, no *TC, Ac. n. 368/2002*, quando o Tribunal Constitucional examinou as normas impugnadas do DL n. 26/94, de 1º de fevereiro, na redação dada pela Lei n. 7/95, de 29 de março.

Efetivamente, podem-se justificar determinadas exigências, exemplificadamente, nas atividades de manuseio de produtos tóxicos, para comprovar a inexistência de doenças de natureza respiratória, em nome da proteção do trabalhador; nas atividades em unidades de terapia intensiva em serviço hospitalar, para comprovar a ausência de doença infectocontagiosa, em nome da proteção de terceiros; nas atividades de piloto de aeronaves e praticante desportivo, pela própria natureza da atividade.

---

(100) Cfr. DRAY, Guilherme M. *Código do Trabalho anotado.* Coimbra: Almedina, 2003. nota III ao art. 17º, p. 96.

O n. 2 impõe um limite à abertura introduzida pela segunda parte do item antecedente, impedindo o empregador, em qualquer circunstância, de exigir da candidata a emprego ou à trabalhadora a realização ou apresentação de testes ou exames de gravidez. O limite guarda pertinência com a vedação imposta pela *Consolidação das Leis do Trabalho* do Brasil (art. 373-A, inciso IV).

Sendo a maternidade um valor constitucionalmente protegido (CRFB, art. 7º, XVIII, art. 201, II; e ADCT, art. 10, II, *b*; CRP, art. 68º), que integra o personalismo ético e a dignidade humana da trabalhadora gestante, não se admite o seu controle pelo empregador, ante o caráter absoluto do imperativo de tutela.

Trata-se de norma que deve ser analisada de forma integrativa, com a disposição contida no art. 17º/2 do Código do Trabalho português, o que vale dizer que, quando particulares exigências da atividade justificar, o empregador pode, por intermédio do médico, exigir da candidata a emprego ou trabalhadora *que preste informações* relativas ao estado de gravidez, *mas em hipótese alguma* poderá exigir a comprovação da informação.

O n. 3 do preceito garante ao candidato a emprego ou trabalhador a confidencialidade dos testes ou exames médicos e, ainda que contratado pelo empregador, o médico é responsável pela sua realização e pela *comunicação ao empregador somente do resultado relativo à aptidão ou não para desempenhar a atividade contratual*, salvo autorização escrita do destinatário da proteção.

Portanto, a restrição ao direito à reserva da intimidade da vida privada do candidato a emprego ou trabalhador só pode ser efetuada se observados os princípios do dano mínimo e da necessidade para atender ao bem comum, que consista em interesse de igual ou superior relevância.

Entretanto, o Decreto-lei n. 441/1991[101], de 14.11, o Código do Trabalho português e a Regulamentação do Código do Trabalho não determinam quais os dados pessoais dos sujeitos laborais podem ser objeto de tratamento, que por isso devem ser aferidos pelo LPDP (Lei n. 67/98, de 26 de outubro de Proteção de Dados Pessoais, art. 7º, ns. 1 e 4[102]).

Dados médicos são aqueles que se referem **a doença, descrição dos sintomas, diagnósticos, tratamento, prognóstico e informação médica justificativa do grau de incapacidade do trabalhador**[103].

---

(101) Em vigor nas matérias não tratadas pelo Código do Trabalho português.

(102) É considerada identificável a "pessoa que possa ser identificada directa ou indirectamente, designadamente por referência a um número de identificação ou a um ou mais elementos específicos da sua identidade física, fisiológica, psíquica, económica, cultural ou social". São considerados *dados pessoais sensíveis* os "referentes a convicções filosóficas ou políticas, filiação partidária ou sindical, fé religiosa, vida privada e origem racial ou étnica, bem como o tratamento de dados relativos à saúde e à vida sexual, incluindo os dados genéticos". Segundo a Autorização n. 64/95 da CNPD, não integram os "dados de saúde" aqueles tratados por companhias de seguro relativos à percentagem de incapacidade, código da lesão, parte do corpo atingida, causas do acidente, data da baixa e da alta médicas. *V. g.*, práticas sexuais de risco ou protegidas, constância ou alternância de parceiro sexual.

(103) Cfr. GUERRA, Amadeu. *A privacidade no local de trabalho*. Coimbra: Almedina, 2004. p. 261.

Consideram-se dados de saúde não apenas aqueles que resultem do diagnóstico médico feito, mas todos aqueles que permitam apurá-lo, incluindo resultados de análises clínicas, imagens de exames radiológicos, imagens, vídeos ou fotografias que sirvam para o mesmo fim[104], e também o tratamento (de dados) pode limitar-se a registrar os dados de identificação, funções desempenhadas e periodicidade dos exames de saúde, ou englobar um especial grau de detalhes: doenças naturais, doenças profissionais, acidentes de trabalho, antecedentes pessoais e familiares, tratamentos e pequenas cirurgias, exames, resultados de análises clínicas e baixas, dados biométricos, hábitos de vida, condições familiares e de habitação, hábitos de consumo (tipo de alimentação, consumo de álcool, café, drogas), hábitos de higiene etc.[105]

De acordo com a LPDP, art. 7º, n. 4, o tratamento de dados[106] referentes à *saúde* e à *vida sexual*, incluindo os *dados genéticos* (e não de todos os dados sensíveis), é permitido quando:

• necessário para *efeitos de medicina preventiva, de diagnóstico médico*[107]*, de prestação de cuidados médicos ou tratamentos médicos ou de gestão de serviço de saúde;*

• o tratamento desses dados seja efetuado por um *profissional da saúde obrigado a sigilo ou por pessoa sujeita igualmente a segredo profissional*[108];

• é feita notificação à CNPD, nos termos do art. 27º, da LPDP; e

• sejam *garantidas medidas adequadas de segurança da informação*, nos termos dos arts. 14º e 17º da LPDP.

A LPDP, no que pertine à permissão do tratamento de dados sensíveis, veio dar cumprimento à exigência constitucional (CRP, art. 35º, n. 3, Utilização da informática),

---

(104) Cfr. CASTRO, Catarina Sarmento e. *Direito da informática, privacidade e dados pessoais.* Coimbra: Almedina, 2005. p. 91.

(105) Cfr. GUERRA, Amadeu. *A privacidade...*, p. 254.

(106) Cfr. LPDP, art. 3º, *b*: "tratamento" (de dados pessoais) consiste em "qualquer operação ou conjunto de operações sobre dados pessoais, efectuados com ou sem meios automatizados, tais como a recolha, o registro, a organização, a conservação, a adaptação ou alteração, a recuperação, a consulta, a utilização, a comunicação, por transmissão, por difusão ou por qualquer outra forma de colocação à disposição, com comparação ou interconexão, bem como o bloqueio, pagamento ou destruição".

(107) A Convenção dos Direitos do Homem e da Biomedicina, art. 12º, proíbe a realização de *testes predictivos de doenças genéticas ou que permitam quer a identificação do indivíduo como portador de um gene responsável por uma doença quer a detecção de uma predisposição ou de uma susceptibilidade genética a uma doença, salvo para fins médicos ou de investigação científica e sem prejuízo de um aconselhamento genético apropriado.* Parecer n. 11/2004 da CNPD confirma o posicionamento: *os testes e as razões que estão subjacentes à sua realização — na medida em que podem levar à exclusão do candidato e à sua colocação numa situação de desemprego e com base em circunstâncias ambientais que podem gerar discriminação, colocando estas pessoas numa situação de exclusão do mercado de trabalho, facto que reputamos violador do art. 59º, n. 1 da CRP, quando confrontado com o art. 26º, n. 3.*

(108) LPDP, art. 17º: *os responsáveis do tratamento de dados pessoais, bem como as pessoas que, no exercício das suas funções, tenham conhecimento dos dados pessoais tratados, ficam obrigados a sigilo profissional, mesmo após o termo das suas funções.*

que limita o serviço de medicina do trabalho a notificar sobre o tratamento de dados de identificação e gestão das datas do exame, sem tratar qualquer informação de saúde, mas exige o controle prévio do CNPD e delimita as condições de processamento do tratamento que envolve gestão de dados de saúde, hábitos de vida de consumo ou informação caracterizada da "vida privada" do trabalhador ou de sua família.

A LPDP autoriza o tratamento de dados sensíveis, somente nos casos expressamente previstos ou com o consentimento expresso do titular e mediante autorização da comissão ou disposição legal.

Qualquer desvirtuamento da finalidade dos testes ou exames médicos terá consequências éticas, profissionais e criminais ao responsável, uma vez que a restrição de direito fundamental do trabalhador dependerá da sua atuação, estando, portanto, vinculada aos princípios insculpidos no texto constitucional, conforme interpretação do Tribunal Constitucional, constante do *Ac. n. 368/2002*, onde conclui que não estava sendo instituída uma sistemática e global devassa da reserva da vida privada constitucionalmente censurável, na medida em que o médico do trabalho estava vinculado ao objetivo legal das restrições ao direito fundamental ao necessário para salvaguardar outros interesses constitucionalmente tutelados (CRP, art. 18º/2).

Desse modo, preenchidos os requisitos legais, admite-se, por exemplo, a restrição do direito à reserva da intimidade quanto à *saúde* do trabalhador para o exercício de funções ligadas à exposição a agentes químicos[109], para a função de piloto de aeronave, controladores de tráfego aéreo, maquinista de transportes ferroviários, condutores de transportes rodoviários, desportistas profissionais, enfermeiros, médicos ou *trabalhadores* em serviços hospitalares e laboratórios de análises clínicas, em respeito à segurança dos usuários dos serviços; quanto à *gravidez* em caso de atividade ligada aos serviços de radiologia, em respeito à saúde da trabalhadora e do nascituro; quanto às *convicções religiosas, políticas ou hábitos pessoais* para o exercício de funções em instituições ideológicas ou de tendência, como as que prosseguem fins políticos, religiosos ou de divulgação de campanhas com vistas a alteração de comportamentos da sociedade, que poderá, legitimamente, não querer como seus trabalhadores, respectivamente, membros de outro partido político, que professem outra fé religiosa ou que tenham o hábito de fumar, quando a instituição está empenhada na campanha antitabagista.

Em nome do princípio da autonomia privada que vigora no âmbito dos direitos de personalidade, nada impede que o candidato a emprego ou trabalhador forneça voluntariamente as informações sobre sua vida privada, desde que não contrariem os princípios da ordem pública (CCB, arts. 11, 18 e 20; CCP, art. 81º/1).

---

(109) Cfr. DL n. 2902001, de 16 de novembro, sobre proteção da segurança e saúde dos trabalhadores contra os riscos ligados à exposição a agentes químicos ao trabalho e sobre valores limites de exposição profissional a agentes químicos, que transpôs, respectivamente, as Diretivas 98/24/CE, do Conselho, de 7 de abril, a Diretiva n. 91/322/CEE, da Comissão de 29 de maio e a Diretiva n. 2000/39/CE da Comissão de 1º de junho, que aborda a temática da vigilância da saúde (art. 13º/3).

Como toda limitação voluntária dos direitos de personalidade, pode ser revogada unilateralmente, a qualquer tempo (CCB, art. 14, parágrafo único; CCP, art. 81º/2), e, por essa razão lógica, o n. 4 do art. 17º garante ao candidato a emprego ou trabalhador o acesso e controle dos dados pessoais fornecidos ao empregador, podendo, inclusive, exigir a sua atualização e retificação.

Adotando o procedimento legal no tratamento informático de dados pessoais fornecidos pelos candidatos a emprego e trabalhadores, o empregador deverá: 1º) obter o consentimento inequívoco do seu titular, admitindo o tratamento sempre que necessário para a execução de contrato em que o titular seja parte ou para as diligências prévias à formação do contrato ou declaração negocial, que pode encontrar-se implícita no art. 17º do Código do Trabalho português (art. 6º); 2º) admitir a oposição do titular ao tratamento a qualquer tempo, por motivos ponderosos ou legítimos (art. 12º); 3º) não desvirtuar a finalidade do recolhimento dos dados, agindo de forma lícita e de boa-fé, sem excessos, conservando-os apenas o tempo estritamente necessário (art. 5º); 4º) informar ao titular sobre a titularidade do responsável, finalidades do tratamento, os destinatários dos dados, o caráter obrigatório ou facultativo das respostas, as consequências de não responder e as existência ou condições de o direito de acesso ou de retificação (art. 10º); 5º) tomar as medidas técnicas necessárias para assegurar que não ocorra a destruição, perda, alteração ou difusão não autorizada dos dados sob sua responsabilidade (art. 14º).

No âmbito laboral, há uma exceção relativa à legitimidade de tratamento aos denominados "dados sensíveis" do art. 7º da Lei n. 67/98 (convicções filosóficas ou políticas, filiação partidária ou sindical, fé religiosa, vida privada e origem racial ou étnica, à saúde, à vida sexual, incluindo os dados genéticos), só admitida quando expressamente autorizada por disposição legal ou da CNPD, ou seja, por motivos de interesse público relevante, quando for indispensável ao exercício das atribuições legais ou estatutárias do seu responsável, ou por consentimento expresso do titular, sempre garantida a não discriminação e com medidas de segurança especiais.

A autorização legal pode ser encontrada no Código do Trabalho português: art. 492º/3 (em relação a dados referentes à filiação sindical) e art. 17º/2 (quando particulares exigências relacionadas à natureza da atividade justifiquem a recolha de "dados sensíveis" e sejam fornecidos por escrito), e na CLT do Brasil: art. 169 (obriga a notificação das doenças profissionais e das produzidas em virtude de condições especiais de trabalho, comprovadas ou sob suspeita, conforme normas expedidas pelo Ministério do Trabalho e Emprego), em casos absolutamente excepcionais e com o consentimento ou, ainda, mantendo o caráter excepcional e sem o consentimento do trabalhador em algumas hipóteses como: 1) em nome de interesses vitais do trabalhador impedido de dar o seu consentimento (art. 7º/3); 2) mostrar-se necessária para efeitos de medicina preventiva, de diagnóstico médico, de prestação de cuidados ou tratamentos médicos ou gestão de serviços de saúde, desde que efetuados por profissionais da saúde ou outra entidade sujeita a sigilo profissional, com notificação à CNPD, ou mediante adoção de medidas de segurança da informação adequadas (art. 7º/4).

Sem preencher esses requisitos, o candidato a emprego ou o trabalhador pode, legitimamente, recusar-se a prestar as informações, incorrendo na figura típica de desobediência lícita tratada no art. 121º/1, parte final da alínea d do Código do Trabalho.

Como exceção à regra geral de respeito ao direito à reserva da intimidade da vida privada, deve obedecer, ainda, os princípios de proporcionalidade, necessidade e adequação (arts. 18º/2 da CRP c/c. 335º do CC).

Nunca se deve perder de vista que, pelo grau de proteção conferido e pelo próprio conteúdo histórico-cultural do instituto, só é justificável a inclusão na esfera dessa reserva, os aspectos da vida privada que revistam particular significado ético.

Vale dizer que determinadas questões, apesar de relacionarem-se com a vida privada do trabalhador, como o endereço domiciliar, as experiências ou habilidades profissionais, não têm o conteúdo ético que justifique a proteção do regime e podem ser relevantes para a celebração e execução do próprio contrato de trabalho, aspecto em que assume particular significado como contraposição ao direito relativo à informação.

Apesar do âmbito de atuação diverso, trata-se de ponto sensível o conflito entre o direito à reserva da intimidade da vida privada e o direito à informação.

O direito à informação tem primazia, mesmo na esfera juslaboral, quando os fatos, mesmo íntimos, têm relevo público e ao qual corresponde o dever de informação imposto ao trabalhador por lei, exemplificadamente:

• art. 19º/1 — sobre situações previstas na legislação relativa a segurança, higiene e saúde no trabalho;

• art. 97º/2 — sobre aspectos relevantes para a prestação da atividade laboral;

• art. 101º/3 — sobre todas as alterações relevantes para a prestação da atividade laboral;

A Comissão Europeia de Direitos do Homem[110] admitiu a exigência de exames de despistagem da tuberculose, como a prova da tuberculina e as radiografias de tórax, por razões de saúde pública, além da sujeição obrigatória de um notário a exame psiquiátrico, tendo em conta o interesse geral, diante da relevância dos atos notoriais, e ainda a entrega obrigatória de urina para análise de despistagem de consumo de drogas, por parte de reclusos, considerando o interesse na prevenção criminal.

A Visat (Vigilância da Saúde do Trabalhador) compreende o eixo fundamental que consolida o conjunto de ações que visa ao controle, à prevenção e à avaliação

---

(110) Cf. Ac. TC n. 368/2002.

dos serviços de saúde, capaz de interromper o ciclo processo/ambiente de trabalho--doença-morte, corrente no Brasil, regidos pelas diretrizes estabelecidas na Portaria/MS n. 3.120/1998.

O processo de vigilância, calcado no binômio — informação para a ação — depende, para o seu desenvolvimento, da obtenção de informações, a partir da bases de dados de sistemas de informação já consolidados e de outras que deverão ser criadas no nível local, a saber: cadastros de estabelecimentos, relação das atividades e processos produtivos, com a identificação dos respectivos riscos ou fatores de risco presentes no trabalho, informações sobre a produção de serviços e ações de saúde, relatórios de inspeção, termos de notificações, fichas de investigação, fontes de dados de serviços de saúde e segurança de empresas, de instituições médicas e seguradoras de saúde, de sindicatos, de associações patronais, instituições de medicina legal, associações e entidades civis, além de outras identificadas em cada localidade como estratégicas.

O perfil socioeconômico da população trabalhadora, em nível local, é delineado a partir de dados do IBGE e da Rais (Relação Anual de Informações Sociais) no MTE.

O perfil de morbimortalidade da população trabalhadora deverá ser estabelecido a partir de dados do CAT da Previdência Social, tratados pela Dataprev (Empresa de Processamento de Dados) e do sistema de informações em saúde, do Ministério da Saúde, que possuem vários sistemas e bases de dados, tais como:

- Sistema de Informações de Mortalidade (SIM);
- Sistema de Informações Hospitalares do SUS (SIH/SUS);
- Sistema de Informações de Agravos de Notificação (Sinan);
- Sistema de Informações de Atenção Básica (Siab).

Os sistemas incorporam dados básicos de identificação do indivíduo assistido (nome completo, registro de identidade civil, data e local de nascimento, sexo, nome da mãe e endereço) e alguns atributos adotados pelo IBGE, como: raça/cor, grau de escolaridade, situação no mercado de trabalho (empregado, autônomo, empregador, aposentado, dona de casa, estudante, vive de renda etc.), ocupação, de acordo com a CBO e ramo de atividade econômica, conforme a Cnae.

A Visat, para o seu melhor desenvolvimento, conta com outras fontes de consultas e instrumentos operacionais: NR da Portaria/MTb n. 3.214/1978; as normas previdenciárias e da ABNT (Associação Brasileira de Normas Técnicas), os parâmetros internacionais definidos pela OMS e OIT, com destaque para as convenções ratificadas pelo Brasil e as normatizações de agências estrangeiras como a NIOSH (*National Institute for Occupational Safety and Health*), a OSHA (*Occupational Safety and Health Administration*), a ACGIH (*American Conference of Governmental Industrial Hygienists*), a Airc (*International Agency for Research on Câncer*), além das diretivas da CEE (Comunidade Econômica Europeia).

Portanto, o direito de personalidade da proteção dos dados relativos à saúde, com intrínsecas ligações com o direito à reserva da intimidade, deve ser tido como regra, e não como exceção.

A limitação só se justifica para atender ao bem comum, de forma equilibrada (princípio da proporcionalidade) e necessária (princípio da adequação), conforme diretrizes básicas do CCP (art. 335º).

4.3.2.3. Dados doutrinários relevantes

A abordagem da doutrina geral dos direitos de personalidade, no que pertine à delimitação do contorno conceitual do instituto, foi feita no item "4.1" (Da origem histórica e conceitual).

Da lógica constitucional do Estado Democrático de Direito decorre o efeito da nova perspectiva dos deveres contratuais, e, de forma geral, da reconsideração das consequências e implicações que o seu correto cumprimento deve comportar no âmbito do contrato de trabalho, levando em conta os princípios da autonomia privada e da segurança jurídica, aplicáveis como limite genérico ao exercício dos direitos das partes contratantes, que assegure o equilíbrio entre os poderes patronais e os direitos fundamentais do trabalhador.

Apesar disso, a ameaça constante à esfera da vida privada do trabalhador decorre, sobretudo, do próprio objeto do contrato de trabalho, da sua estrutura e características implícitas, podendo ocorrer, com maior ou menor intensidade, na formação, na execução ou até mesmo após a cessação do contrato individual de trabalho.

A redefinição dogmática do âmbito e dos contornos da subordinação jurídica no contrato de trabalho restringiu em muito o "dever de lealdade" para além da vida profissional, de modo que, por exemplo, o direito fundamental à liberdade do exercício da atividade econômica, base dos poderes patronais, impede que o exercício do direito fundamental do trabalhador afete a finalidade da empresa ou gere a inexecução do contrato; da mesma forma, o caráter privado do contrato do trabalho não lhe retira a sujeição à ordem constitucional, e, por esta razão lógica que lhe está subjacente, os poderes patronais serão sempre limitados pela dignidade humana e pelos direitos fundamentais, levando-se em conta a ponderação dos valores dos bens tutelados, em cada caso concreto de conflito ou colisão de direitos[111].

Nesse contexto, a doutrina passa a debater sobre os critérios da valoração, notadamente, quando está em causa o direito à reserva da intimidade da vida privada,

---

(111) LARENZ, K. *Metodologia*..., p. 587, afirma que "A *ponderação de bens no caso concreto* é um método de desenvolvimento do Direito, pois que serve para solucionar colisão de normas — para as quais falta uma regra expressa na lei —, para delimitar umas das outras as esferas de aplicação das normas que se entrecruzam e, com isso, concretizar os direitos, cujo âmbito, como o do direito geral de personalidade, ficou em aberto".

efetuando a transposição para o Direito do trabalho, de forma integrada e sistemática das regras supranacionais, constitucionais, civis e penais, procurando a opção subjacente muito clara pelos valores humanos sobre os demais, com destaque no âmbito da responsabilidade penal nos crimes praticados contra o direito à reserva da intimidade privada por meio informático, no que pertine à violação ao sigilo de correspondência (arts. 151 e 152 da lei penal brasileira; arts. 192º, 193º, 194º e 195º da lei penal portuguesa) e à responsabilidade civil por danos morais (art. 927 do CCB; art. 483º do CCP)[112].

A difícil tarefa de estabelecer critérios de valores que dizem respeito ao ser humano reside no fato de que a gradação e intensidade depende da natureza do caso e da condição das pessoas, não podendo a escala ser abruptamente interrompida, por distinção em padrões fixados *a priori*, a exemplo da doutrina que tenta em vão definir limites prévios em três esferas concêntricas (íntima, privada e pública), no âmbito do direito à privacidade[113], mas que demonstra com a prática a inevitabilidade do casuísmo pelo simples fato de que as pessoas e as circunstâncias nunca são iguais[114].

As soluções doutrinárias encontradas sempre levam em conta as condutas fora do local e tempo de trabalho, somente quando refletem no âmbito laboral de forma a tornar inviável a manutenção da relação contratual ou para proteção de outra situação jurídica tutelada, sendo, por isso, admissível, em razão do interesse da saúde pública e da integridade física dos usuários do serviço, que o empregador exija a despista-

---

(112) Cf. CORDEIRO, A. Menezes. O respeito pela esfera privada do trabalhador. In: MOREIRA, A Menezes (Coord.). *I Congresso Nacional de Direito do Trabalho-Memórias*. Coimbra: Almedina, 1998. p. 19-37; DRAY, Guilherme M. Justa causa e esfera privada. In: *Estudos do Instituto de Direito do Trabalho*, vol. II, Coimbra: Almedina, 2001, p. 35-91; ABRANTES, J. J.. Contrato de trabalho e meios de vigilância da actividade do trabalhador. In: *Estudos em homenagem ao professor Doutor Raúl Ventura*. vol. II, Coimbra: Almedina, 2003.

(113) DRAY, Guilherme M. *Justa causa e esfera privada...*, p. 48-49 e MOREIRA, Teresa Alexandra Coelho. *Da esfera privada do trabalhador e o controlo do empregador*. Coimbra: Coimbra Editora, 2004. p. 146, refere-se à doutrina em Portugal, na esteira da doutrina alemã, que tenta distinguir várias esferas que compreender a vida privada de cada pessoa: a *esfera íntima* (ou secreta) compreende todos os fatos que devem, objetivamente, ser inacessíveis a terceiros e protegidos da curiosidade alheia, designadamente o que diga respeito à vida familiar, a comportamentos sexuais, a práticas e convicções religiosas e ao estado de saúde da pessoa. Em princípio, é absolutamente protegida; a *esfera privada* compreende todos os fatos cujo conhecimento o respectivo titular tem, subjetivamente, o interesse em guardar para si, designadamente, fatos atinentes à vida profissional, ao seu domicílio ou aos seus hábitos de vida. É apenas relativamente protegida, podendo ceder em caso de conflito com outro direito ou interesse público; a *esfera pública* compreende todos os fatos e situações do conhecimento público, que se verificam e desenvolvem perante toda a sociedade e que por esta pode ser genericamente conhecidos e divulgados.

(114) A propósito, RAMALHO, M. R. Palma. *Contrato de trabalho e direitos...*, p. 411, entende que o despedimento de dois trabalhadores que tiveram relações sexuais na empresa, tendo sido descobertos por alguém que espreitou pela frincha da fechadura da porta (AC. REv. de 7/04/92), é justificado na inadequação do comportamento em questão ao local onde se desenrolou. Contra, DRAY, Guilherme M. *Justa causa e esfera...*, p. 81-82, ao argumento de que os meios de prova utilizados para fundamentar o despedimento foram obtidos com violação de um direito de personalidade, de forma ilícita, acarretando a ilicitude do ato da dispensa. Contra, também, CORDEIRO, A. Menezes. *O respeito pela esfera privada...*, p. 37, entende que ao abrigo do direito à intimidade, os atos sexuais sempre merecem ser tutelados.

gem do HIV ao trabalhador que venha atuar na coleta de sangue ou, em nome do interesse da saúde da trabalhadora e do nascituro, que exija um teste de gravidez à candidata a vaga de técnica de radiologia[115].

Outro aspecto do direito à reserva da intimidade da vida privada, tratado com acuidade pela doutrina, refere-se à sua limitação para obter-se meio de prova no âmbito de um processo disciplinar trabalhista: a nulidade da obtenção por meio ilícito em sede de processo criminal encontra-se constitucionalmente consagrada[116]; a aplicação subsidiária em outros processos sancionatórios decorre da própria autorização constitucional (CRP, art. 38º/10) e, por analogia ou interpretação extensiva, nos processos civis decorre de construção doutrinária[117].

Outra vertente do direito à reserva da intimidade da vida privada polêmica, tratada pela doutrina, referia-se à questão do poder de vigilância dos correios eletrônicos dos trabalhadores por parte do empregador, com tendência extensiva dos critérios adotados para a proteção dos meios de comunicação convencional no âmbito do Direito Civil e Penal[118].

A corrente opositora defendia a necessidade do controle, por uma questão técnica, em nome do interesse da organização patronal, que arcava com os custos

---

(115) A propósito, RAMALHO, M. R. Palma. *Contrato de trabalho e direitos...*, p. 412-413, entende que a limitação do direito à reserva da intimidade da vida privada é admissível no caso de despistagem do vírus do HIV ao técnico que faz coleta de sangue em laboratório de análises clínicas ou médico odontologista, assim como à candidata à vaga de técnica de radiologia, em nome dos interesses da organização.

(116) CRFB, art. 5º, XI – *a casa é asilo inviolável do indivíduo, ninguém nela podendo penetrar sem consentimento do morador, salvo em caso de flagrante delito ou desastre, ou para prestar socorro, ou, durante o dia, por determinação judicial; XII – é inviolável o sigilo da correspondência e das comunicações telegráficas, de dados e das comunicações telefônicas, salvo, no último caso, por ordem judicial, nas hipóteses e na forma que a lei estabelecer para fins de investigação criminal ou instrução processual penal. CRP, art. 32º/8,* designadamente quando decorrentes de *abusiva intromissão na vida privada, no domicílio, na correspondência ou nas telecomunicações.*

(117) Cf. ALEXANDRE, Isabel. *Provas ilícitas em processo civil.* Coimbra: Almedina, 1998. p. 233 e ss.; DRAY, Guilherme M. *Justa causa e esfera...*, p. 81-86.

(118) Cfr. LISBOA, Roberto Senise. A inviolabilidade de correspondência na *internet*. In: *Direito e internet, aspectos jurídicos relevantes.* São Paulo: De Lucca, Newton & Simão Filho, Adalberto, Edipro, 2000. p. 482; a despeito de o acesso ao computador utilizado pelo empregado ser útil para a avaliação da sua produtividade e do seu comportamento no ambiente de trabalho, o que justificaria o comportamento do empregador de realizar o monitoramento dos *e-mails*, não recomenda tal prática, por representar violação da privacidade do empregado. Afirma que a segurança da empresa não é juridicamente mais relevante que a segurança e privacidade do seu empregado. Segundo FERREIRA FILHO, Manoel Gonçalves, o direito de escolher o destinatário da comunicação é correlato à liberdade de expressão do pensamento e, por isso, a Constituição assegura a inviolabilidade das "comunicações de pensamento que não visam a público indeterminado, seja por meio de cartas, seja através de telefones, do telégrafo, ou por qualquer técnica que se inventar". *Comentários à Constituição Federal brasileira de 1988.* v. 1, 2. ed. São Paulo: Saraiva, 1997. p. 37. NERY JÚNIOR, Nelson; NERY, Rosa Maria Andrade, defendem que ainda que o *e-mail* seja uma espécie de comunicação telefônica, não poderá ser interceptado, nos termos da Lei n. 9.296/96, diante da flagrante inconstitucionalidade do parágrafo único do art. 1º que estende a exceção às transmissões em sistema de informática e telemática, aplicando-a, sem autorização no texto constitucional, que somente permite a interceptação das conversas por voz entre pessoas (comunicação instantânea), e não as demais (*modem, Internet, fac-símile* etc.). *Código de Processo Civil comentado e legislação processual civil extravagante em vigor.* 3. ed., rev. e ampl. São Paulo: RT, 1997. p. 1.663.

financeiros e tinha a atividade afetada pela utilização do correio eletrônico para fins particulares dos trabalhadores.

A dificuldade na transposição tem a ver com a mudança do paradigma na sociedade tecnocomunicacional, resultado da essencialidade do uso de meios informáticos como condição de continuidade do próprio empreendimento e que implica o acesso ao correio eletrônico por parte dos trabalhadores como verdadeira "ferramenta de trabalho".

A solução mais justificável encontrada pela doutrina foi a que confere poderes ao empregador para estabelecer as regras da utilização do correio eletrônico, sempre dando conhecimento prévio caso fosse necessário aceder o endereço eletrônico para preservar tanto o direito de propriedade do endereço de correio eletrônico como o direito à privacidade do trabalhador no que pertine a mensagens particulares[119].

A *objeção de consciência*[120] garantida constitucionalmente (CRP, art. 41º/6) mereceu a atenção dos juristas, vez que a possibilidade que a pessoa tem de invocar a "liberdade de consciência, de religião e de culto", para eximir-se do cumprimento de determinados deveres, não consta de qualquer lei expressa no âmbito laboral, diversamente do tratamento legal diferenciado perante o problema do serviço militar[121].

A transposição direta do Direito Constitucional para o Direito do Trabalho também não pôde ser feita, na medida em que representaria um potencial contraponto ao poder de direção do empregador, de quem o trabalhador subordinado recebe instruções para efetivar o contrato.

A construção jurídica inclina-se à admissão de um direito subjetivo que permita ao seu titular deter o dever de obediência laboral e entre os direitos fundamentais, os denominados "de consciência", para que seja assegurada a sua liberdade interior: religiosa, artística, educativa.

---

(119) SIMÓN, Sandra Lia, propõe que: "A solução mais adequada para esta problemática é a introdução de uma cláusula contratual que permita à empresa a checagem dos *e-mails* dos empregados, seja no decorrer da relação laboral ou na fase de contratação, em razão da função desempenhada". *A proteção constitucional da intimidade e da vida privada do empregado*. São Paulo: LTr, 2000. p. 162. Sobre o assunto ver DRUMMOND, Victor Gameiro. *O direito à privacidade e a internet*, relatório apresentado à disciplina Direito de Autor e Sociedade da Informação sob a regência dos Professores Doutores José de Oliveira Ascensão, Luiz Manuel Teles de Menezes Leitão e Luiz de Lima Pinheiro, no Curso de especialização em Ciências Jurídicas conducente ao Mestrado 2000/2001 da Faculdade de Direito da Universidade de Lisboa, Cota BFDL T3062.

(120) A propósito, ver CORDEIRO, A . Menezes. Contrato de trabalho e objecção de consciência. in: *Estudos em homenagem ao prof. Doutor Raúl Ventura*. v. II. Coimbra: Almedina, 2003. p. 673-693.

(121) A Lei n. 6/85, de 4 de maio, alterada pela Lei n. 101, de 25 de Agosto, dispunha em seu art. 1º/2 que: O direito à objecção de consciência comporta a isenção do serviço militar, quer em tempo de paz, quer em tempo de guerra, e implica para os respectivos titulares o dever de prestar um serviço cívico adequado à sua situação. E o art. 2º definia os objetores de consciência como sendo "... os cidadãos convictos de que, por motivos de ordem religiosa, moral ou filosófica, lhes não é legítimo usar meios violentos de qualquer natureza contra o seu semelhante, ainda que para fim de defesa nacional colectiva ou pessoal."

É o caso de determinadas profissões marcadas pela autonomia técnica, como a de médico ou advogado, no que se refere a direitos fundamentais que assegurem a liberdade interior da pessoa, que pode, no âmbito profissional, guiar-se pelas regras de condutas específicas de cada arte, a exemplo da LCT, que, no seu art. 5º/2, ressalva a autonomia técnica dos trabalhadores cujas atividades sejam normalmente exercidas como profissão liberal. Todavia, não pode ser invocado de modo arbitrário, e sim como último recurso capaz de proteger a pessoa e seus valores dos excessos impostos pela condição jurídica na relação juslaboral. Tem que se fundar em códigos de deontologia e ética profissional, que, a despeito da falta de clareza, deve estar histórica e culturalmente legitimado, para a correta *adequação axiológica* e *funcional (profissional)*[122].

O princípio da igualdade do art. 5º/*caput* da CRFB e do art. 13º/1 e 2 da CRP inviabilizava atuações discriminatórias do empregador em razão da raça, da nacionalidade, do credo, da filiação partidária, da orientação sexual ou da situação familiar do trabalhador, vedando, por exemplo, a exigência de testes de gravidez no recrutamento, o compromisso das trabalhadoras de não engravidarem durante certo tempo e renúncias antecipadas às licenças de maternidade ou de paternidade.

A autolimitação de direito de personalidade, catalogado como direito fundamental do trabalhador, foi solucionada com a aplicação conjugada do regime de tutela dos direitos, liberdades e garantias, constante do art. 18º da CRP e do regime de proteção dos direitos de personalidade do art. 81º do CCP, admitindo-se a revogação da renúncia ou limitação a qualquer tempo.

Uma vez admitida a eficácia privada dos direitos fundamentais, qualquer pacto ou declaração do trabalhador no sentido da restrição desses direitos não pode afetar a extensão e o alcance do seu conteúdo essencial, devendo, ainda, mostrar justificativa pelos critérios de *necessidade* e *proporcionalidade*[123], sob pena de invalidade.

---

(122) CORDEIRO, A. Menezes. *Contrato de trabalho e objeção...*, p. 693, na conclusão de sua construção jurídica, entende que o advogado assalariado não poderá invocar a "objeção de consciência" para descurar os problemas fiscais da empresa, mas poderá recusar-se a contestar ações obviamente procedentes. RAMALHO, M. R. Palma. *Contrato de trabalho e direitos...*, p. 413-414, conclui que não será admissível que o trabalhador que professe religião que proíba o álcool invoque a "objeção de consciência" para recusar a trabalhar, após a admissão numa fábrica de cervejas; que mesmo sendo legítimo ao médico católico invocar a "objeção de consciência" para recusar-se à prática de ato de interrupção de gravidez, por razões éticas, não poderá fazê-lo após ter concorrido a uma clínica vocacionada para esse fim; que poderão admitir-se reservas ao trabalhador, nas denominadas organizações de tendência: um sacristão de uma paróquia católica, que professe publicamente outra religião, um empregado de partido político que milite em partido de ideologia oposta.

(123) Cf. ABRANTES, J. J. *Contrato de trabalho e direitos...*, p. 114, o critério que julgamos aplicável surge, aliás, como uma decorrência lógica da solução que propugnamos em sede geral do problema da eficácia privada dos direitos fundamentais, de acordo com a qual, nas situações jurídicas de poder-sujeição, nomeadamente na que emerge do contrato de trabalho, o fundamento e os limites da *Drittwirkung* se encontram na analogia com o "poder do Estado". Diga-se também que, de um modo geral, a legitimidade das limitações impostas àqueles direitos deve ser (como vimos ocorrer nos ordenamentos europeus mais desenvolvidos) balizada em razão das funções por si exercidas ou por motivos de segurança.

4.3.2.4. A concretização na jurisprudência

No domínio do Direito da personalidade, a jurisprudência assume um papel relevantíssimo, em razão de comportar vários conceitos indeterminados nos textos legais relativos à tutela da pessoa.

E a explicação encontra-se no fato de cada pessoa ter dignidade própria a ser respeitada por todos no convívio social, nele incluído o âmbito laboral, que introduz diversos complicadores, relacionados à estrutura do contrato de trabalho e a situações novas de outras áreas decorrentes do desenvolvimento tecnológico e científico, que, a despeito da ausência de regulação prévia, requerem solução à luz do Direito e da Justiça.

Como a doutrina, a jurisprudência teve um despertar tardio, embora tenha assegurado e continue assegurando, em diversos campos, a vanguarda do processo de concretização dos direitos de personalidade.

Estudo elaborado com acuidade pelo Professor Doutor A. Menezes Cordeiro[124] detectou quatro fases típicas na evolução jurisprudencial portuguesa: 1º) anterior ao Código Civil (1967); 2º) reconhecimento pontual (1967 a 1982); 3º) implantação dos direitos de personalidade (1983-1992), e 4º) aplicação corrente dos direitos de personalidade (1993 em diante).

O critério adotado para a divisão fásica levou em conta o número de espécies judicialmente decididas, a substanciabilidade da decisão, a fundamentação e a facilidade de os novos acórdãos justificarem-se em precedentes, o que resultou, nos últimos dez anos, no surgimento de 1/3 das decisões relativas a direitos de personalidade e publicadas desde sempre.

Relevante para o presente estudo a citação de algumas decisões, na vigência do Código de Seabra, que se reportavam ao "direito de existência" (art. 360º), no período em que o metropolitano de Lisboa estava em construção, e foram saudadas pelos constitucionalistas porque, embora fosse questão não política, pela primeira fez os Tribunais faziam a aplicação direta dos direitos fundamentais contidos na Constituição do regime autoritário de 1933. Embora tratasse de trabalho que se prolongava de dia e de noite, o direito de personalidade que mereceu a tutela não foi dos trabalhadores, mas dos moradores que, impedidos do descanso, tinham o seu sono e a sua existência afetados[125].

---

(124) Sobre o assunto ver CORDEIRO, A. Menezes. *Tratado de direito civil português.* I (Parte Geral), tomo III..., p. 63-74.

(125) RLx 1º-fev.-1957 (SOUZA MONTEIRO), BMJ 67 (1957), 307-310 = RT 75 (1957), 381, que confirmou uma ordem judicial em procedimento cautelar, de suspensão entre as 00h00 e as 07h00, dos trabalhos do metropolitano de Lisboa, na Av. Columbano Bordalo Pinheiro, que se prolongavam de dia e de noite, impedindo o descanso dos moradores, afetando o seu sono e a sua existência e RLx 2-mar.-1960 (CARDOSO DE FIGUEIREDO), JR 6 (1960) I, 225-228, novamente o problema da construção dos túneis do metropolitano foi discutido: desde 1956, em particular num dado período, trabalharam máquinas de dia e de noite,

Mas outras decisões da mesma época demonstravam que a jurisprudência civil estava longe de sedimentar o reconhecimento dos direitos das pessoas, pois, mesmo com a consagração no Código Civil de 1966, teve que aguardar um espaço de quase quinze anos, até o primeiro passo para o reposicionamento da valoração, nem tanto pelo fato do Tribunal recusar-se a concretizar os direitos de personalidade, mas, sobretudo, pelas próprias partes não se valerem deles, quem sabe pela falta de divulgação da cultura pelos próprios juristas, preocupados em definir e dogmatizar o instituto, como direito subjetivo no âmbito do Direito privado.

Casos isolados de direito à saúde e ao repouso foram reconhecidos já com base no art. 70º do CCP, e ainda nos arts. 64º e 66º da CRP. Em 1977, foram obtidas as primeiras consagrações ao direito de imagem, ainda que meio hesitante[126], fechando-se o 2º ciclo com o reconhecimento do direito à confidencialidade das cartas-missivas[127].

O alargamento lento e progressivo no âmbito dos bens protegidos, no período de 1983-1992, demonstra, sobretudo, que as possíveis construções conceituais transcendiam o quadro do Direito Civil, e a generalização da defesa levou os Tribunais a referirem-se apenas à tutela geral para propiciar decisões e remédios adequados sobre fatos que a cada dia surgiam sobre "direitos" não tipificados na lei.

Também a jurisprudência no âmbito laboral, nessa fase, começa a solucionar com mais frequência os conflitos entre os direitos de personalidade dos sujeitos nas relações juslaborais e outro bem tutelado juridicamente, denotando-se na ponderação a pouca relevância à concretização de um direito à reserva da intimidade da vida privada, ainda que catalogado como direito fundamental (art. 26º/1 da CRP), sem aprofundar o debate sobre o aspecto da aplicabilidade direta dos direitos de personalidade catalogados como direito fundamental:

> RP 16-Dez-1985: considerou lícito o despedimento com justa causa de um trabalhador, que se envolveu numa rede internacional de tráfico de heroína que atuava na cidade onde se localizava a sede do empregador e foi condenado a pena de prisão maior, que afetou a relação de confiança exigida para o exercício da função de perito de uma Companhia de Seguros, incompatível com a prática daquele tipo de ato[128].

---

impedindo o descanso dos moradores, que tiveram o direito à existência reconhecido pelo Tribunal, com referência ao art. 368º do Código Civil e o art. 8º, § 1º da Constituição de 1933.

(126) RLx 19-out.-1977 (ROCHA FERREIRA), CJ II (1977), 5, 1005-1019 (1018/II) relativo ao retrato de uma criança que, sem autorização, foi usado em cartazes políticos e o aresto admitiu por ter sido tirada em local público; RLx 23-nov.-1977 (ALVES BRANCO), CJ II (1977) 5, 1055-1056 (1056/II) referente à exposição da reprodução de um retrato a óleo e de um estudo, sem autorização, do retratado ou de seus herdeiros, que, desta feita, entendeu-se ilícita a exibição, com base no art. 79º/1, arbitrando-se 10 contos de indenização, cerca de 50 euros.

(127) Em RLx 19-out.-1982 (ELISEU FIGUEIRA), CJ VII (1982) 4, 125-126 (126/I e II) em que o ofendido havia escrito uma carta à Ré, reconhecendo uma determinada dívida, narrando as circunstâncias e afirmando que pagaria assim que fosse possível, mas a Ré fez cópias, afixando-as à porta e o Tribunal entendeu que apenas se visava envergonhar o ofendido, condenando a Ré a abster-se de tais afixações.

(128) RP 16-dez.-1985 (VASCO TINOCO), CJ X (1985) 5, p. 212-214, confirmado pelo STJ 31-out.-1986 (MIGUEL CAEIRO), BMJ 360 (1986), p. 468-472.

RLx 05-Jul.-1989, confirmado pelo STJ 29-Mai.-1991: considerou lícita a produção da prova da justa causa imputada ao bancário que se beneficiou de saldo fictício, que consistiu na análise da sua conta bancária, vez que, na perspectiva dos Tribunais, o sigilo bancário não se tratava de uma concretização do direito fundamental de reserva da intimidade da vida privada e pôde assim ceder ao direito de propriedade do empregador na defesa de todos os seus interesses (art. 62º da CRP)[129].

REv 07-Abr-1992: considerou lícita a prova de justa causa de uma trabalhadora que praticara ato sexual com outro trabalhador no local de trabalho, à vista de colegas que espreitaram pelo orifício da porta, em nome do dever geral de lealdade para com o empregador, colocando em causa os deveres gerais de urbanidade e respeito que incidem sobre o trabalhador, atingindo o bom nome da empresa e dos demais colegas de trabalho[130].

A partir de 1993, fase marcada pela aplicação corrente, pelos tribunais cíveis, dos direitos de personalidade, que permite a formação de linhas de jurisprudência bem definidas, para as quais contribuíram a identificação dos problemas dogmáticos e sua solução, com relevo para a temática do conflito de direitos e ponderação, no caso concreto, dos valores e das sensibilidades presentes.

A restrição ao direito à intimidade da vida privada, protegida pelo art. 26º/1, da CRP e pelo art. 80º do CC, observadas as exigências impostas pelo princípio da proibição do excesso consagrado na segunda parte, art. 18º/2 da CRP, foram traduzidas nos posicionamentos dos Tribunais, de forma geral, pela irrelevância das condutas extralaborais no desenvolvimento do contrato de trabalho ou para a sua cessação, exceto se colocasse em causa a relação de confiança entre as partes ou se refletisse prejudicialmente no serviço e na imagem da entidade patronal de modo a tornar inviável a subsistência da relação juslaboral:

RC de 28-Jan.-1993: considera o fato da vida privada cometido fora do local de trabalho (agressão a um colega de trabalho no bar onde fazia refeições), pelos reflexos prejudiciais causados no serviço e no âmbito do trabalho, suscetível de constituir justa causa para o despedimento[131].

STJ 03-Nov.-1993: não considerou justa causa de despedimento o comportamento de um trabalhador que retirou de um bidão destinado ao lixo, no Autódromo de Estoril, onde prestava serviços para sua entidade patronal, uma mangueira, um balde, um rolo de cordel e um manômetro de pressão de ar, ali abandonados pelos organizadores da corrida de Fórmula 1 no dia anterior[132].

RLx 17-Jul.-1993: confirmado pelo *STJ 07-Dez-1994*: reconhece como justa causa para o despedimento de um comandante de aeronave, o fato de no período destinado ao descanso por lei, ter ingerido doses de bebidas com forte teor alcoólico até 05h30 da

---

(129) RLx 05-jul.-1989 (ROBERTO VALENTE), CJ XIV (1989) 4, p. 176-178, confirmado pelo STJ 29-maio-1991 (BARBIERI CARDOSO), BMJ 407 (1991), p. 308-313.
(130) Em REv 07-abr.-1992 (LOUREIRO PIPA), CJ XVII (1992), II, p. 321-322.
(131) RC 28-jan.-1993 (JOSÉ CORREIA), CJ XVIII (1993), I, p. 85-88.
(132) STJ 03-nov.-1993 (CHICHORRO RODRIGUES), CJ-STJ III (1993) 1, p. 286-288.

madrugada, que o influenciou no cometimento de desacatos num hotel, comprometendo a imagem da entidade patronal, ao criar uma eventual e potencial situação de perigo ou risco para a condução aérea e para as vidas dos passageiros[133].

RC 01-Jun-1995: não considerou o ato da vida privada do trabalhador que em dificuldades financeiras pediu empréstimo a clientes, como justa causa de despedimento, pelo fato do comportamento não afetar valores empresariais, a relação laboral nem o prestígio do trabalhador perante os clientes[134].

A atuação do Tribunal Constitucional também teve um relevante papel ao definir a função dos direitos fundamentais como "proibições de excesso" em relação à reserva legal do legislador.

TC, Ac. n. 255/2002, ao examinar o art. 12º/1 e 2 do DL n. 231/98, de 23 de Julho (Lei de Segurança Privada), julgou inconstitucional, por vício formal, por possibilitar às entidades prestadoras de serviços de segurança privada a utilização de equipamentos eletrônicos de vigilância e controle, sem que o "interesse público inerente à atividade" que justificasse as restrições em causa constasse de lei da AR ou de DL devidamente habilitado com lei de autorização para o efeito.

TC, Ac. n. 368/2002: ao examinar as normas do DL n. 26/94, de 1º de Fevereiro, na redação dada pela Lei n. 7/95, de 29 de março, sobre a realização de exames periódicos de saúde aos trabalhadores, não julgou inconstitucionais as normas impugnadas, considerando a finalidade de prevenção dos riscos profissionais e saúde dos trabalhadores, invocando exaustivamente a sua jurisprudência pertinente e a doutrina que considerou mais relevante, desenvolvendo um encadeamento argumentativo, concluiu que não estava sendo instituída uma sistemática e global devassa da reserva da vida privada constitucionalmente censurável, na medida em que o médico do trabalho estava vinculado ao objetivo legal das restrições ao direito fundamental ao necessário para salvaguardar outros interesses constitucionalmente tutelados (art. 18º/2 da CRP), recorrendo ao disposto nos arts. 59º/1, c, e 2, c, e 64º/1, da CRP, que admite que a obrigatoriedade do exame médico possa radicar na própria necessidade de verificar que a prestação de trabalho decorra sem risco para o próprio trabalhador e para terceiros na proteção de interesse público; assim como nos questionários e testes relativos da vida privada do trabalhador, a exemplo dos testes de estabilidade emocional de um piloto de aviação[135].

Outros aspectos do direito à reserva da intimidade da vida privada, tais como a vigilância e controle da atividade laboral utilizados pelo empregador, facilitados pela evolução tecnológica traduzida, designadamente, pela instalação de câmaras de filmagem ou a utilização da *internet* como meio de comunicação pessoal do trabalhador, não eram muito correntes, refletindo na ausência de debate e fixação de critérios aceitáveis no meio jurídico, quanto à valoração do excesso de restrição a direito fundamental de privacidade perante outro bem ponderável.

---

(133) RLx 17-Jun.-1993 (SOARES DE ANDRADE), CJ XVIII (1993), III, p. 187-190 e STJ 07-Dez.-1994 (DIAS SIMÃO), CJ-STJ II (1994), III, p. 303/305.
(134) RC 01-Jun.-1995 (SOUSA LAMAS), CJ XX (1995), III, p. 85-86.
(135) TC, Ac.n. 368/2002, Diário da República, 2ª série, n. 247, de 25-Out-2002, p. 17780-17791.

> TP 20-Set-1999: estava em discussão o comportamento imputado ao trabalhador, que teria, no exercício da função de *barman* e contrariando as instruções expressas do empregador, omitido o registro de parte das vendas efetuadas. Com fundamento na Lei do Jogo (DL n. 422/89) que não proíbe expressamente a utilização da fita cassete, admitiu, como meio de prova em ação emergente de contrato de trabalho, as imagens gravadas em sala de jogo[136].

A integridade física e moral do trabalhador, neste último aspecto denominado pela doutrina como assédio moral ou *mobbing*, referindo-se ao comportamento indesejado praticado pelo empregador com o objetivo ou efeito de afetar a dignidade humana ou criar um ambiente degradante, humilhante ou desestabilizador, sempre mereceu a tutela dos Tribunais, ainda que por falta de regulação específica da matéria, como direito de personalidade, utilizassem outros fundamentos para a concretização da dignidade humana, em toda a sua plenitude.

> RC 15-Mar-2001: fixou-se indenização por danos morais à trabalhadora colocada numa sala interior sem luz natural, durante cerca de 25 dias, em todo o seu horário de trabalho e a quem foi imposto que escrevesse à máquina 600 circulares, todas de igual conteúdo, ocasionando a baixa médica decorrente de um colapso nervoso, com fundamento na violação do direito à ocupação efetiva do posto de trabalho[137].

> STJ 19-Fev.-2003: provada a conduta ilícita do empregador, que deixou de mudar o posto de trabalho do trabalhador ou eliminar o frio anormal que se fazia sentir, foi condenado a indenizar os danos causados (depressão grave do trabalhador), com fundamento no dever de proporcionar boas condições de higiene e segurança e no direito do trabalhador à prestação de trabalho em condições de higiene e segurança[138].

No Brasil, a exemplo da doutrina no âmbito do direito de personalidade, a jurisprudência é escassíssima, sendo encontradas algumas vertentes em nível da instância superior da Justiça do Trabalho, sem referência direta, como pode-se ver no exemplo abaixo, que segue tendência da não discriminação do trabalhador infectado com o vírus do HIV:

> TST, DJU 28-Fev-1997[139]: AIDS — REINTEGRAÇÃO — MANDADO DE SEGURANÇA. Sendo o trabalhador portador de doença que pode levá-lo à morte, estando prestes a adquirir o direito à estabilidade no emprego, havendo sido demitido de forma obstativa e sendo absolutamente necessário o exercício de sua atividade profissional no combate ao mal que o aflige, o transcurso do tempo é imprescindível para que se evite restar prejudicado o seu direito. O *periculum in mora* é o próprio risco do perecimento da vida do trabalhador. De que adiantaria ao empregado sagrar-se vencedor numa ação trabalhista após a sua morte? O direito deve ser ágil e ser aplicado no momento certo, sob pena de tornar-se inócuo, mormente neste caso concreto, onde

---

(136) TP 20-set.-1999 (SOUSA PEIXOTO), CJ XXIV (1999), IV, p. 258-262.
(137) RC 15-mar.-2001 (FERNANDES DA SILVA), disponível em: <http://www.trc.pt/trc09074.html>. Acesso em: 30 jan. 2004.
(138) STJ 19-fev.-2003 (VITOR MESQUITA), disponível em: <http://www.stj.pt>. Acesso em: 26 jan. 2004.
(139) TST – RO-MS 197.134/95-1-Ac. SBDI-2 1,820/96 (Rel. Min. CNÉA MOREIRA), publicada DJU de 28-fev.-1997, in: *Revista Síntese Trabalhista*, n. 94, abr./1997, p. 32.

mais importante que eventuais valores monetários em discussão é a própria vital necessidade de o empregado exercer suas funções enquanto apto para tal.

De grande projeção foi a decisão histórica do TST, marcando posição sobre a prova obtida através de monitoramento do correio eletrônico corporativo, já levando em conta o direito à privacidade e à inviolabilidade da correspondência:

TST 18-Maio-2005[140]: PROVA ILÍCITA. "E-MAIL" CORPORATIVO. JUSTA CAUSA. DIVULGAÇÃO DE MATERIAL PORNOGRÁFICO. 1. Os sacrossantos direitos do cidadão à privacidade e ao sigilo de correspondência, constitucionalmente assegurados, concernem à comunicação estritamente pessoal, ainda que virtual (*e-mail* particular). Assim, apenas o *e-mail* pessoal ou particular do empregado, socorrendo-se de provedor próprio, desfruta da proteção constitucional e legal de inviolabilidade. 2. Solução diversa impõe-se em se tratando do chamado "e-mail" corporativo, instrumento de comunicação virtual mediante o qual o empregado louva-se de terminal de computador e de provedor da empresa, bem assim do próprio endereço eletrônico que lhe é disponibilizado igualmente pela empresa. Destina-se este a que nele trafeguem mensagens de cunho estritamente profissional. Em princípio, é de uso corporativo, salvo consentimento do empregador. Ostenta, pois, natureza jurídica equivalente à de uma ferramenta de trabalho proporcionada pelo empregador ao empregado para a consecução do serviço. 3. A estreita e cada vez mais intensa vinculação que passou a existir, de uns tempos a esta parte, entre Internet e/ou correspondência eletrônica e justa causa e/ou crime exige muita parcimônia dos órgãos jurisdicionais na qualificação da ilicitude da prova referente ao desvio de finalidade na utilização dessa tecnologia, tomando-se em conta, inclusive, o princípio da proporcionalidade e, pois, os diversos valores jurídicos tutelados pela lei e pela Constituição Federal. A experiência subministrada ao magistrado pela observação do que ordinariamente acontece revela que, notadamente, o *e-mail* corporativo, não raro, sofre acentuado desvio de finalidade, mediante a utilização abusiva ou ilegal, de que é exemplo o envio de fotos pornográficas. Constitui, assim, em última análise, expediente pelo qual o empregado pode provocar expressivo prejuízo ao empregador. 4. Se se cuida de "e-mail" corporativo, declaradamente destinado somente para assuntos e matérias afetas ao serviço, o que está em jogo, antes de tudo, é o exercício do direito de propriedade do empregador sobre o computador capaz de acessar à *internet* e sobre o próprio provedor. Insta ter presente também a responsabilidade do empregador, perante terceiros, pelos atos de seus empregados em serviço (Código Civil, art. 932, inc. III), bem como que está em xeque o direito à imagem do empregador, igualmente merecedor de tutela constitucional. Sobretudo, imperativo considerar que o empregado, ao receber uma caixa de *e-mail* de seu empregador para uso corporativo, mediante ciência prévia de que nele somente podem transitar mensagens profissionais, não tem razoável expectativa de privacidade quanto a este, como se vem entendendo no Direito Comparado (EUA e Reino Unido). 5. Pode o empregador monitorar e rastrear a atividade do empregado no ambiente de trabalho, em *e-mail* corporativo, isto é, checar suas mensagens, tanto do ponto de vista formal quanto sob o ângulo material ou de conteúdo. Não é ilícita a prova assim obtida, visando a demonstrar justa causa para a despedida decorrente do envio de material pornográfico a colega de trabalho. Inexistência de afronta ao art. 5º, incisos X, XII e LVI, da Constituição Federal. 6. Agravo de Instrumento do Reclamante a que se nega provimento.

---

(140) TST–1ª Turma-PROC. N. TST-RR-613/2000-013-10-00.7 (Rel. Min. JOÃO ORESTE DALAZEN), publicado DJU de 10 jun. 2005.

Apesar da vigência do Código Civil brasileiro desde 10 de janeiro de 2003, verifica-se que não há utilização do direito subjetivo geral do direito de personalidade assegurado pelo art. 12[141].

Outros instrumentos são utilizados, nomeadamente, a antecipação dos efeitos da tutela prevista no art. 273 do CPC[142], a tutela relativa às obrigações de fazer e não fazer do art. 461 do CPC[143] e até mesmo a tutela do meio ambiente, consumidor, bens e direitos de valor artístico, estético, histórico e turístico da Lei n. 7.347/85 (art. 12)[144], ressaltando-se ainda a ausência de relação direta aos direitos de personalidade atingidos, seguindo a tendência de preocupar-se mais com algumas questões periféricas, como o fornecimento de documentos, a exemplo da emissão da CAT (Comunicação de Acidentes de Trabalho), do que a preservação da integridade física e moral dos trabalhadores na ocorrência ou suspeita de doenças ocupacionais, que no mais das vezes são apenas reconhecida tardiamente via ação de indenização por danos causados por acidente de trabalho:

> 6ª VT-Belém-PA, 07-Dez.-2004[145]: Isto posto, defiro a antecipação dos efeitos da tutela pretendida pelo autor, para determinar à ré que forneça ao autor e ao Centro

---

(141) Art. 12. Pode-se exigir que cesse a ameaça, ou a lesão, a direito da personalidade, e reclamar perdas e danos, sem prejuízo de outras sanções previstas em lei.

(142) CPC, Art. 273. O juiz poderá, a requerimento da parte, antecipar, total ou parcialmente, os efeitos da tutela pretendida no pedido inicial, desde que, existindo prova inequívoca, se convença da verossimilhança da alegação e: I – haja fundado receio de dano irreparável ou de difícil reparação; ou II – fique caracterizado abuso de direito de defesa ou o manifesto propósito protelatório do réu.

(143) CPC, Art. 461. Na ação que tenha por objeto o cumprimento da obrigação de fazer ou não fazer, o juiz concederá a tutela específica da obrigação ou, se procedente o pedido, determinará providências que assegurem o resultado prático equivalente ao do adimplemento.

(144) Disciplina a ação civil pública de responsabilidade por danos causados ao meio ambiente, ao consumidor, a bens e direitos de valor artísticos, estético, histórico e paisagístico (vetado) e dá outras providências.

Art. 12. Poderá o juiz conceder mandado liminar, com ou sem justificação prévia, em decisão sujeita a agravo.

(145) 6ª VT Belém-PA-Proc. n. 1.900/2004-3 (Juiz JOÃO CARLOS DE OLIVEIRA MARTINS). AUTOR: MINISTÉRIO PÚBLICO DO TRABALHO. RÉ : BRASILIT INDÚSTRIA E COMÉRCIO LTDA. Busca o autor a concessão de medida liminar em face da ré, a fim que seja compelida a efetuar a imediata entrega a ele, autor, e ao Centro de Atenção em Saúde do Trabalhador do Município de Belém os dados referentes aos trabalhadores presentes e passados, o que inclui a qualificação e identificação de cada um, apresentando a ficha de registro de cada empregado onde conste seu endereço, setor de trabalho, funções, cargos, data de nascimento, admissão e dispensa, e entrega dos diagnósticos oriundos das avaliações médicas a que cada um foi submetido, sob pena de pagamento de multa diária de R$ 100.000,00 a ser revertida em favor do FAT. Funda o autor o seu pedido no fato de que a ré estaria obrigada por lei a prestar tais informações e a fornecer os documentos a elas inerentes, mormente porque desenvolve atividade industrial em que faz uso de substância altamente nociva ao meio ambiente de trabalho, com graves consequências para a saúde do trabalhador, sendo, pois, indispensável o acompanhamento dessa atividade pelos órgãos públicos de saúde, a fim de que medidas preventivas possam ser adotadas de forma a prevenir possíveis danos aos empregados, no particular, e à sociedade, no geral. Embora o autor funde sua pretensão nos arts. 12 da Lei n. 7.347/85 e 461 do CPC, opto por analisá-la com base no art. 273 do CPC, já que tal pretensão nada mais é que a antecipação dos efeitos da tutela, que está diretamente relacionada à pretensão de direito material requerida em face da ré, ou seja, ao objeto da ação. Isto é, busca o autor o deferimento de parte de sua pretensão, especificamente à relativa ao cumprimento das obrigações de fazer, antes mesmo de proferida a sentença de conhecimento, nos exatos termos do artigo retrorreferido. Revista Consultor Jurídico de 25.12.2004 e *site*: <www.abrea.org.br>. Acesso em: 4 fev. 2006.

de Atenção em Saúde do Trabalhador do Município de Belém os dados e documentos requeridos na petição inicial, conforme a seguir: dados referentes a todos os trabalhadores, presentes e passados, com sua perfeita qualificação e identificação, incluindo a ficha de registro e a discriminação de seus endereços, setores de trabalho, funções, cargos, datas de nascimento, datas de admissão e saída, bem como a entrega dos diagnósticos resultantes das avaliações médicas, sob pena de pagar multa diária que arbitro em R$ 50.000,00 (cinquenta mil reais).

TST 22-Ago-2006[146]: MANDADO DE SEGURANÇA. ANTECIPAÇÃO DE TUTELA EM SEDE COGNITIVA — REINTEGRAÇÃO DO RECLAMANTE. APLICAÇÃO DA ORIENTAÇÃO JURISPRUDENCIAL N. 142 DA SBDI-2 DO TST. 1. A jurisprudência pacífica desta Corte, consubstanciada na Orientação Jurisprudencial n. 142 da SBDI-2, segue no sentido de que inexiste direito líquido e certo a ser oposto contra ato de Juiz que, antecipando a tutela jurisdicional, determina a reintegração do empregado até a decisão final do processo, quando demonstrada a razoabilidade do direito subjetivo material, como nos casos de anistiado pela Lei n. 8.878/94, aposentado, integrante de comissão de fábrica, dirigente sindical, portador de doença profissional, portador de vírus HIV ou detentor de estabilidade provisória prevista em norma coletiva. 2. Nesse sentido, tem-se que o ato impugnado não feriu o direito líquido e certo do Reclamado, já que cônsono com a referida orientação jurisprudencial, pois verifica-se que o Juízo concedeu a tutela antecipada e determinou a reintegração da trabalhadora no emprego, por entender que gozaria de estabilidade provisória decorrente da constatação de doença profissional (LER), atestada no curso do período contratual, considerando a integração do aviso prévio indenizado ao tempo de serviço, e que a dispensa imotivada, além de ilegal, obstaria o uso do convênio médico no seu tratamento de saúde, bem como o recebimento do auxílio-doença. Recurso ordinário desprovido.

TST 28-Ago-2006[147]: EMBARGOS. ESTABILIDADE ACIDENTÁRIA. DOENÇA PROFISSIONAL DECORRENTE DO CONTRATO DE TRABALHO E DETECTADA POR PERÍCIA POSTERIOR. PERTINÊNCIA. Conforme pacificado pela Súmula n. 378, item II, do TST, constatado o nexo causal entre doença profissional e a atividade desempenhada pelo trabalhador, ainda que por perícia realizada após a extinção do contrato de trabalho, impõe-se o reconhecimento da estabilidade a que se refere o art. 118 da Lei n. 8.213/91. Embargos conhecidos e providos.

TST AIRR-3595.19.2010.5.15.0000[148]: um vendedor de telhas e caixas-d'água, que trabalhou durante 25 anos como empregado da Eternit, receberá R$ 300.000,00 de

---

(146) TST-ROMS-Proc. 12616/2004-000-02-00 (Rel. Min IVES GANDRA MARTINS FILHO, publicado DJU de 8.9.2006, disponível em: <www.tst.gov.br> Acesso em: 10 set. 2006.

(147) PROC. N. TST-E-RR-423.348/1998.1.C: SBDI-1, www.tst.gov.br acesso em 10.9.2006. SÚMULA N. 378/TST. ESTABILIDADE PROVISÓRIA. ACIDENTE DE TRABALHO. ART. 118 DA LEI N. 8.213/1991. CONSTITUCIONALIDADE. PRESSUPOSTOS (conversão das Orientações Jurisprudenciais ns. 105 e 230 da SBI1-I). Res. n. 129/2005. DJ 20.4.2005. I – É constitucional o art. 118 da Lei n. 8.213/1991 que assegura o direito à estabilidade por período de 12 meses após a cessação do auxílio-doença ao empregado acidentado (ex-OJ n. 105. Inserida em 01.10.1997). II – São pressupostos para a concessão da estabilidade o afastamento superior a 15 dias e a consequente percepção do auxílio-doença acidentário, salvo se constatada, após a despedida, doença profissional que guarde relação de causalidade com a execução do contrato de emprego. (Primeira parte da ex-OJ n. 230. Inserida em 20.6.2001).

(148) TST-4ª Turma-AIRR-3595-19.2010.5.15.0000-Edilson Chiqueto X Eternit S.A. (Relª Minª Maria de Assis Calsing). Fonte: <www.tst.jus.br>. Acesso em: 13 maio 2011.

indenização por danos morais mais pensão mensal vitalícia, por ter adquirido câncer pulmonar decorrente da aspiração constante de pó de amianto, utilizado na fabricação dos produtos vendidos. O pedido, negado em primeira instância (Vara do Trabalho de São José do Rio Preto-SP), concedido pelo Tribunal Regional do Trabalho da 2ª Região (TRT-SP) e mantido pela 4ª Turma do Tribunal Superior do Trabalho (TST).

No que pertine ao direito de personalidade que se refere à confidencialidade do tratamento de dados, à honra e à imagem dos trabalhadores, alguns aspectos têm sido objeto da jurisprudência, com destaque para a divulgação das denominadas "listas negras", com dados de trabalhadores que possuam ação judicial ou tenham participado de alguma ação como testemunha perante a Justiça do Trabalho:

> TST 02-Ago.-2006[149]: 1.6 INDENIZAÇÃO POR DANOS MORAIS. Sustenta a recorrente que não ficou comprovada a existência de dano (fato constitutivo do direito), tanto que o acórdão recorrido registrou que não houve prova nos autos do nexo de causalidade entre a listagem (lista negra) e o suposto dano provocado. Aponta violação aos arts. 818 da CLT e 333, I, do CPC. Das razões dedilhadas pelo Regional, a decisão ficou assim ementada às fls. 467: Ocorrência do dano: A elaboração e propagação das chamadas listas negras constitui ato ilícito, tratando-se de prática discriminatória repudiada no ordenamento jurídico. Destinando-se a lista à sua exibição (porque não se elabora esse tipo de documento para não ser mostrado a ninguém), o dano ao trabalhador ocorre no momento em que seu nome é nela incluído, assim como os crimes de perigo consumam-se com a exposição da vítima, independentemente do resultado. Sabe-se que o dano moral constitui lesão a direitos da personalidade, que no caso dos autos são a honra e a imagem do autor da reclamação. A sua configuração se efetiva com o abalo sentimental da pessoa em sua consideração pessoal ou social. Do trecho do acórdão recorrido, em que se consignara que o dano ao trabalhador ocorre no momento em que seu nome é nela incluído, independentemente do resultado, sendo latente a agressão à sua honra e imagem, não há como se reputar não caracterizado o dano moral, quer em sua consideração pessoal, quer social. Configurada a lesão à honra e à imagem do reclamante, afasta-se a propalada ofensa aos arts. 333, I, do CPC e 818 da CLT, bem como a especificidade dos julgados colacionados, a teor da Súmula n. 296/TST, pois não registram o mesmo contexto fático dos autos, qual seja, a ocorrência do dano no momento em que o nome do empregado é incluído em lista negra. Não conheço.

A atuação do Ministério Público do Trabalho brasileiro para obrigar os empregadores a cumprirem medidas de proteção ao trabalhador tem sido relevante na preservação dos direitos de personalidade:

> TST. RO-72800-51.2009.5.05.000[150]: a empresa Calçados Azaleia Nordeste S.A. foi condenada a adotar dezenove (19) medidas para melhoria do ambiente de trabalho de seus empregados com a finalidade de evitar acidentes de trabalho, dentre elas, sinalizar os locais de uso obrigatório de equipamentos de proteção individual (EPIs),

---

(149) TST-4ª Turma-RR 335/2003-091-00.1 (Rel. Min. Barros Lavenhagen), disponível em: <www.tst.gov.br>. Acesso em: 11 set. 2006.

(150) TST-Subseção II Especializada em Dissídios Individuais-RO-72800-51.2009.5.05.0000 (número no TRT de origem MS-72800-2009-0000-05)-Ministério Público do Trabalho da 5ª Região X Calçados Azaleia Nordeste S.A. (Rel. Min. Pedro Paulo Manus). Fonte: <www.tst.jus.br>. Acesso em: 13 maio 2011.

realizar campanhas educativas e treinamentos específicos para evitar acidentes, realizar estudos técnicos para substituição de solventes tóxicos, evitar emissão de pó de couro e borracha, obedecer aos intervalos intrajornadas e instalar armários individuais para os empregados, além de outros relacionados a ruídos, alta temperatura, ergonomia e manipulação química.

As soluções encontradas na jurisprudência, via de regra, de forma pragmática, levaram em conta a cessão recíproca e equilibrada dos direitos em colisão, do menor sofrimento possível às partes, conforme art. 335º do CCP e arts. 13, 14 e 20 do CCB.

A prevalência do direito correspondente ao interesse que, na concretização, supere o outro, leva em conta a melhor argumentação para as situações sensíveis das partes, justificando-se a solução no senso comum obtido através do amplo debate metodológico da tópica jurídica.

Capítulo 5

Tendências e Perspectivas da Reparação dos Danos Causados por Doenças Operacionais

5.1. Análise crítica do regime jurídico atual

A ordem jurídica nacional e supranacional protege o direito fundamental da pessoa humana, como fonte de todos os demais valores, sem que isso signifique que na sociedade atual prevaleça o individualismo egoísta em detrimento da proteção jurídica sob as formas coletivas, comunitárias e associativas.

O homem, na visão de Aristóteles, precursor da Teoria Axiológica, como um animal social, já possui lugar assente nos estudos das ciências sociais modernas.

A vida harmônica em sociedade, no entanto, só pode ser entendida cotejando outros imperativos éticos como a solidariedade e a cooperação, oriunda da coincidência permanente do individual e do social, em razão da constante interação com nossos semelhantes.

O surgimento da ideia de proteção social perde-se no tempo, mas quase todos os autores citam, como marco histórico, a lei alemã de 1883 de seguro-doença e depois a de seguro de acidente do trabalho, que se espalhou por outras nações europeias, com ênfase na Constituição de Weimar (1919), com repercussões na América após a II Guerra Mundial.

O desenvolvimento do conceito de seguridade social aponta a existência de duas tendências: uma restritiva ou limitada e outra mais ampla.

A restritiva leva em conta, exclusivamente, o estado de necessidade e constitui--se na previdência social, fundada em seguros sociais.

A segunda centra-se no bem-estar, progresso e paz social, em duas vertentes: 1º) política de seguridade social, que acaba no plano da tendência, perante as dificuldades impostas pela realidade sociofinanceira, que impede a plena realização, e 2º) política socioeconômica e seguridade social, que se assenta no desenvolvimento econômico de cada país, inviabilizando a outorga de benefícios a todos os membros da comunidade e suprir todas as contingências, que, no mais das vezes, não são amparadas de forma eficiente.

O sistema que vige no Brasil inclina-se à vertente da seguridade social mais ampla, no sentido de que um dos princípios reitores é o da seletividade na prestação dos benefícios e serviços, segundo critérios de justiça distributiva, estabelecidos pelo legislador infraconstitucional.

A característica da solidariedade encontra-se presente em diversas ordens constitucionais, que atribuem o financiamento da seguridade social por toda a sociedade, de forma direta e indireta, com recursos provenientes dos orçamentos públicos e contribuições sociais de várias naturezas (CRFB, art. 195; CRP, art. 63º/2).

Entretanto, a precarização do emprego nas atividades da iniciativa privada e o elevado índice de desemprego, que afetaram o sistema de garantia do pleno emprego propugnado pelo Estado de bem-estar (social), levaram vários países a uma acentuada crise na década de 1980, à qual aliou-se a crise fiscal, com sensível *deficit* econômico resultante de um aumento de gastos desacompanhado do aumento da receita, tornando o Estado ineficiente, e abriu as portas à iniciativa privada, que culminou no processo de privatização de várias atividades até então desenvolvidas pelo poder público, tornando palavras como "desregulamentação", "flexibilização", "competitividade", "eficiência", "globalização" e outras tantas, de uso corrente no cotidiano, em todos os Continentes.

O conceito de seguridade social deve partir, necessariamente, da ideia de proteção contra os riscos sociais que provocam as necessidades sociais, com finalidade expressa de satisfazer a um determinado tipo de direitos econômicos e sociais reconhecidos constitucionalmente, contribuindo, assim, para a manutenção do sistema socioeconômico vigente[151].

Como instituição dinâmica por natureza, vez que cobre necessidades produzidas pelos riscos sociais, a satisfação das carências tende a inovar-se ou aprimorar-se com o passar do tempo, assim como as estruturas familiares ou profissionais às quais os sujeitos se integram.

A incapacidade financeira da seguridade social faz com que, de forma renitente, haja a redução ou até mesmo supressão de benefícios, majoração das contribuições dos segurados e da sociedade ou *deficit* dos órgãos previdenciários, cobertos, no mais das vezes, em prejuízo de outros programas sociais.

A ideia de que o regime público ou estatal de seguridade social deve assegurar somente o mínimo necessário ao atendimento das necessidades básicas tem-se generalizado, na mesma proporção que se busca na iniciativa privada a complementação dos benefícios públicos, como ocorre na maioria dos países, junto a boa parte da população de maior poder aquisitivo, fenômeno que também ocorre no Brasil, desde 1977, quando foi instituída a previdência privada, em caráter meramente

---

(151) Cfr. Zeno Simm, que menciona a definição do conceito de CARACUEL, Alarcón; ORTEGA, Santiago Gonzaléz. *Os direitos fundamentais e a seguridade social*. São Paulo: LTr, 2005. p.104-105.

supletivo e complementar à previdência social pública básica, com forte pressão das autoridades monetárias internacionais para que, a exemplo de outros países como Argentina, Chile e Uruguai, o Estado brasileiro também privatize a cobertura básica da seguridade social.

Esse sistema substitutivo ou suplementar varia tanto na extensão, quanto na intensidade da cobertura oficial, que segundo *Monereo Pérez*[(152)] classifica-se nos países desenvolvidos em:

1. sistemas de "seguros corporativistas", com prevalência do Estado e dos programas públicos e onde o mercado assume um papel residual;

2. sistemas "residualistas", caracterizados pelo "predomínio do mercado como instituição de provisões em detrimento do papel da Seguridade Social";

3. sistemas "universalistas", em que o Estado ostenta "uma posição nitidamente dominante e se ampliam subjetivamente a toda a população (como direitos sociais) os direitos de benefícios", prescindindo do mercado naquilo que é o essencial.

No Brasil, o seguro-acidentário foi privado, no período compreendido entre 1923 a 1967, sob a responsabilidade de empresas seguradoras e dos antigos institutos de previdência, marcado por demoradas ações judiciais, que nem sempre asseguravam um bom desfecho ao trabalhador sinistrado, que no mais das vezes, na ocorrência do infortúnio, o trabalhador ou a família (em caso de acidente fatal) ficava desprovido de proteção por diversos problemas, nomeadamente a ausência de pagamento do prêmio contratado com a seguradora ou a insolvência das seguradoras, incapacitadas de honrar o compromisso assumido.

Na vigência do Decreto n. 24.637/34, havia previsão expressa excluindo a responsabilidade civil do empregador e estabelecendo limites para a cobertura do evento, que não atingia o ressarcimento integral do dano, sendo inferior, inclusive, àquela prevista no Código Civil, de aplicação geral.

O Decreto-lei n. 7.036/44 inovou, corrigindo algumas falhas existentes no regime de proteção jurídica aos acidentados, prevendo a responsabilidade civil em caso de acidente resultante de dolo do empregador ou de seus prepostos, que a jurisprudência não tardou em dar interpretação extensiva, equiparando a culpa grave ao dolo para fins de responsabilização do empregador (Súmula 22/STF, de 16.12.1963), e manteve o entendimento, mesmo após a revogação do texto legal, em razão do silêncio das leis acidentárias posteriores sobre a questão.

O SAT (Seguro Acidente de Trabalho) foi instituído de forma pouco inovadora, pela Constituição da República Federativa do Brasil de 1988[(153)].

---

(152) Cf. citação de SIMM, Zeno. *Os direitos fundamentais ...*, p. 114.

(153) Art. 7º: "São direitos dos trabalhadores urbanos e rurais, além de outros que visem à melhoria de sua condição social:

(...)

A pressão exercida pelo fenômeno da "globalização", com sua ideia de transnacionalidade e supranacionalidade, recomenda, quando não impõem a transferência de atividades tipicamente estatais, como seguro social e educação para a iniciativa privada.

O que se vislumbra do quadro analisado é que o Estado social, com toda a carga de direitos, garantias e proteção que busca dar à sociedade, não parece ter fôlego econômico para cumprir as suas proposições, expostas com nitidez nas constantes reformas constitucionais levadas a efeito no cenário brasileiro, quebrando o monopólio estatal de exploração do seguro de acidentes do trabalho, permitindo que seja atendido, concorrentemente, pelo setor privado, o que, todavia, ainda não se concretizou[154].

Cabe, portanto, ao empregador o custeio do SAT (Seguro Acidente de Trabalho), através da aplicação de alíquotas diferenciadas sobre a folha de pagamento, de acordo com o grau de risco acidentário a que a atividade econômica preponderante desenvolvida submete seus empregados.

A regulamentação do SAT (Seguro Acidente do Trabalho) foi feita com a edição da Lei n. 8.212/91 (art. 22)[155], Decreto n. 356/91 (art. 26), Decreto n. 602/92, Decreto n. 2.173/97 (art. 26, § 1º) e do atual Decreto n. 3.048/99 (art. 202,

---

XXVIII – seguro contra acidentes de trabalho, a cargo do empregador, sem excluir a indenização a que este está obrigado, quando incorrer em dolo ou culpa."

(154) A Emenda Constitucional n. 20/1998 deu nova redação ao art. 201 da CRFB: Art. 201. A previdência social será organizada sob a forma de regime geral, de caráter contributivo e de filiação obrigatória, observados critérios que preservem o equilíbrio financeiro e atuarial, e atenderá, nos termos da lei, a:

I – cobertura dos eventos de doença, invalidez, morte e idade avançadas;

(...)

§ 10 – Lei disciplinará a cobertura de risco de acidente do trabalho, a ser atendida concorrentemente pelo regime geral de previdência social e pelo setor privado.

A Emenda Constitucional n. 41/2003 introduziu a reforma do regime de previdência dos servidores públicos da União, dos Estados, do Distrito Federal e dos Municípios, incluídas as autarquias e fundações, conforme art. 40 da CRFB.

(155) Art. 22. A contribuição a cargo da empresa, destinada à Seguridade Social, além do disposto no art. 23, é de:

(...)

II – para o financiamento da complementação das prestações por acidentes do trabalho, dos seguintes percentuais, incidentes sobre o total das remunerações pagas ou creditadas, no decorrer do mês, aos segurados empregados e trabalhadores avulsos:

a) 1% (um por cento) para as empresas em cuja atividade preponderante o risco de acidentes do trabalho seja considerado leve;

b) 2% (dois por cento) para as empresas em cuja atividade preponderante esse risco seja considerado médio;

c) 3% (três por cento) para as empresas em cuja atividade preponderante esse risco seja considerado grave.

§ 3º)[156] e Orientação Normativa n. 2, de 21.08.87[157], sempre levando em conta a incidência sobre o salário do beneficiário e o risco acidentário gerado pela empresa ao trabalhador.

Tanto que em dezembro/1998, através da Lei n. 9.732, foram instituídos os adicionais de 6%, 9% ou 12% do SAT (Seguro Acidente de Trabalho) para custear as aposentadorias especiais de trabalho, aplicáveis exclusivamente sobre o valor do salário do trabalhador efetivamente exposto a agentes nocivos, considerando o aumento do risco de doença ou acidente do trabalho.

Não obstante a disposição contida na legislação específica, o Superior Tribunal de Justiça (STJ) editou a Súmula 351 sobre os critérios para aferição do grau de risco das empresas empregadoras: Alíquota de Contribuição para o Seguro de Acidente do Trabalho (SAT). A alíquota de contribuição para o Seguro de Acidente do Trabalho (SAT) é aferida pelo grau de risco desenvolvido em cada empresa, individualizada pelo seu CNPJ, ou pelo grau de risco da atividade preponderante quando houver apenas um registro.

Os critérios adotados procuram levar em conta os princípios securitários basilares da responsabilização da empresa pelos riscos possíveis e futuros criados, conforme CCB (arts. 757 a 802), e, para tanto, não podem jamais desconsiderar o grau de risco de acidente de trabalho existente em cada estabelecimento da empresa para fixação da alíquota do SAT (Seguro Acidente de Trabalho), sob pena de violar diretamente o principal pilar de sustentação da infortunística, gerando a desproporcionalidade entre o risco presumível e o prêmio arrecadado, de maneira a comprometer o adimplemento da "seguradora" e onerar em demasia e infundadamente o contratante e beneficiário do seguro.

A responsabilidade por acidentes do trabalho, incluídas nesse conceito as doenças ocupacionais, é objetiva pelo risco, a cargo do SAT (Seguro Acidente de Trabalho), que não exclui a responsabilidade subjetiva do empregador, quando incorre em dolo ou culpa.

Em Portugal, como na maioria dos países, a reparação das doenças ocupacionais foi introduzida, intimamente ligada à dos acidentes do trabalho, com dupla designação ou de forma integrada aos riscos profissionais.

---

(156) § 1º do art. 26 do Decreto n. 2.173/97 e § 3º do art. 202 do Decreto n. 3.048/99: Considera-se preponderante a atividade que ocupa, na empresa, o maior número de segurados empregados e trabalhadores avulsos.

(157) A empresa com mais de um estabelecimento e diversas atividades econômicas procederá da seguinte forma:

a) Enquadrar-se-á, inicialmente, por estabelecimento, em cada uma das atividades econômicas existentes, prevalecendo como preponderante aquela que tenha o maior número de segurados empregados e trabalhadores avulsos e, em seguida, comparará os enquadramentos dos estabelecimentos para definir o enquadramento da empresa, cuja atividade econômica preponderante será aquela que tenha o maior número de segurados empregados e trabalhadores avulsos, apurada dentre todos os seus estabelecimentos (Quadro 2).

No âmbito dos instrumentos normativos internacionais, consta da Convenção n. 102 da OIT e do Código Europeu de Segurança Social.

Na ordem interna, as bases legais de cobertura dos riscos profissionais, atualmente, são fixadas pela Lei n. 2.127/1965, de 3 de agosto, regulamentada pelo Decreto n. 360/71, de 21 de agosto, além de numerosa legislação complementar, que se baseia no tradicional princípio de responsabilidade patronal, com transferência obrigatória da cobertura do risco para empresas seguradoras, à exceção das ocorrências gravíssimas da silicose, que, ainda na vigência da Lei n. 1942/1936, de 27 de julho, foi regulada pelo Decreto-lei n. 44.307/1962, de 27 de abril, confiando a gestão do seguro daquela doença específica a um organismo de fins não lucrativos integrado no sistema de previdência social.

O movimento então iniciado, de forma progressiva, ampliou a responsabilização da segurança social pela cobertura do risco às demais pneumoconioses e outras doenças profissionais, culminando com a edição do Decreto-lei n. 478/1973, de 27 de setembro, que estendeu o âmbito da Caixa Nacional de Seguros de Doenças Profissionais à generalidade das entidades patronais das atividades do comércio, indústria e serviços, até a vigência do Decreto-lei n. 200/1981, de 9 de julho, que determinou, de certa forma, a integração ao regime geral de segurança social da proteção do risco de doença profissional, ao mesmo tempo que se desligou da atividade seguradora, não operou qualquer dissociação daquele regime legal, diante da disposição da Lei n. 2.127 e do Decreto n. 360/71.

A atualização da legislação, para albergar a nova filosofia da proteção social e as alterações dos fatos sociais, impôs a revisão através da aprovação da Lei n. 100/1997, de 13 de setembro, que manteve a unidade do regime dos riscos profissionais. diferentemente do acidente de trabalho, mantém-se na responsabilidade da entidade empregadora, que deve transferi-la para as empresas seguradoras, continua a ser gerida por uma instituição de segurança social — o Centro Nacional de Protecção contra os Riscos Profissionais, sucessora da Caixa Nacional de Seguros de Doenças Profissionais —, integrado que foi, como eventualidade coberta pelo regime geral de segurança social, que exige, contudo, uma regulamentação autonomizada, para abranger, também, o desenvolvimento jurídico do ponto de vista substantivo e formal do disposto na Lei n. 28/84, de 14 de agosto (Lei de bases da segurança social).

Assim é que o Decreto-lei n. 248/99, de 2 de julho, ao regulamentar a proteção consagrada na Lei n. 100/97, introduziu novas prestações, aprimorou o cálculo das existentes, adotou a sistematização da legislação da segurança social, adequando as regras substantivas ao funcionamento das instituições e aos princípios que norteiam o quadro normativo.

A proteção social que toda pessoa pode necessitar, pelas próprias contingências da vida, tanto na esfera individual como social, reclamam uma proteção ou uma reparação efetiva, visto que o sistema adotado para reparar o dano só pode ser enquadrado na categoria de seguro num sentido amplo, ante a ostentação da natureza eminentemente social, de acentuado interesse público para garantir ao lesado apenas um mínimo para subsistência, mas não a reparação integral dos danos sofridos.

Para tanto, diante das complexidades que envolvem as relações de forças no sistema de financiamento do infortúnio, exige-se, cada vez mais, o incremento de todos os meios de proteção necessários à manutenção da pessoa, na sua integridade física e moral, como titular de valores inarredáveis, que não podem ficar à mercê da administração de um Estado falido na sua função de administrar o bem-estar da sociedade, e por isso, pressionado por organismos financeiros internacionais, a transferir a gerência da sua finalidade inafastável a empresas com fins lucrativos, para a exploração econômica pela iniciativa privada.

5.2. Cumulatividade da indenização acidentária com a indenização decorrente da responsabilidade civil do direito comum

No ordenamento jurídico brasileiro, ao longo do tempo, houve vacilo acerca da possibilidade de cumulação das indenizações acidentárias previstas nas leis de infortunística, editadas desde 1919[158], devidas independentemente da verificação dos pressupostos com aquelas decorrentes da presença dos pressupostos da responsabilidade civil prevista no direito comum.

Enquanto o Decreto n. 3.724, de 1919, silenciou-se a respeito desse assunto, o Decreto n. 24.637, de 1934, excluiu expressamente a possibilidade de cumulação de indenizações baseadas no mesmo acidente. Já o Decreto-lei n. 7.036, de 1944, passou a prever a cumulatividade, desde que presente o dolo do empregador ou de seus prepostos[159], o que, na interpretação dada pelo Supremo Tribunal Federal, teve ampliado o seu alcance ao editar a Súmula n. 229 que estabeleceu: **A indenização acidentária não exclui a do direito comum, em caso de dolo ou culpa grave do empregador.**

Com a edição do Decreto-lei n. 293, de 1967, e das Leis n. 5.316, de 1967, e n. 6.367, de 1976, a situação permaneceu inalterada, pois não houve qualquer referência à possibilidade ou não de cumulação das indenizações, mantida a jurisprudência do Supremo Tribunal Federal.

A promulgação da Constituição Federal, em 05.10.1988, consagrou a cumulatividade das indenizações no inciso XXVIII do art. 7º (responsabilidade objetiva), que não excluiu a responsabilidade subjetiva, ao estabelecer a obrigação de indenizar quando incorrer em dolo ou culpa.

---

(158) Quando foi editado o Decreto n. 3.724.
(159) Decreto-lei n. 7.036/44, art. 31: *O pagamento da indenização estabelecida pela presente lei exonera o empregador de qualquer outra indenização de direito comum, relativa ao mesmo acidente, a menos que este resulte de dolo seu ou de seus prepostos.*

Em 1998, foi incluído o § 10 ao art. 201, pela Emenda Constitucional n. 20, com a seguinte redação: Lei disciplinará a cobertura do risco de acidente do trabalho, a ser atendida concorrentemente pelo regime geral de previdência social e pelo setor privado.

A par disso, o empregador responde perante a Previdência Social, de forma regressiva, nos casos de negligência quanto às normas de segurança e higiene do trabalho para proteção individual e coletiva dos seus empregados segurados (Lei n. 8.213 de 1991, arts. 120[160] e 121[161]).

Pergunta-se: qual a finalidade do seguro de acidente do trabalho? A empresa não transfere para a Previdência Social a responsabilidade pelo tratamento médico-hospitalar e pelo pagamento do auxílio-doença durante o afastamento do empregado ou, se for o caso, o pagamento da pensão aos dependentes do acidentado se vier a falecer?

A reforma da Previdência Social introduzida pela Emenda Constitucional n. 20, de 1998, não condicionou a ausência de culpa ou dolo por parte do empregador, à assunção de toda a responsabilidade pelas consequências do acidente do trabalho pela seguridade social.

O seguro de acidentes do trabalho, neste diapasão, possui natureza de um seguro social que, basicamente assemelha-se à operação do seguro realizado no âmbito privado, que pressupõe a seleção de riscos cobertos, cálculos atuariais, custeio e incerteza do risco, mas um e outro distinguem-se em alguns pontos, a saber: a) no seguro privado é imprescindível a celebração de um contrato entre o interessado e a empresa; b) no seguro social, o segurado é integrado compulsoriamente ao plano de proteção social e suas contribuições são fixadas pelo Poder Público; c) no seguro privado, a inadimplência do segurado extingue o contrato, mas, no seguro social, a inadimplência da empresa não tem qualquer repercussão na situação do empregado, enquanto segurado.

Se a cumulação das indenizações não suscita mais controvérsia, o mesmo não ocorre no âmbito da doutrina e da jurisprudência, no que concerne a "compensação" ou não, entre as reparações de responsabilidade da Previdência Oficial e do empregador, já que decorrem do mesmo evento.

Duas correntes antagônicas subsistem a respeito: uma que entende que a indenização decorrente da responsabilidade civil do direito comum deve ser complementar, deduzindo-se o valor pago pela Previdência Oficial, e a outra no sentido de que a cumulatividade não deve ser "compensada".

---

(160) Art. 120. *Nos casos de negligência quanto às normas-padrão de segurança e higiene do trabalho indicados para a proteção individual e coletiva, a Previdência Social proporá ação regressiva contra os responsáveis.*
(161) Art. 121. *O pagamento, pela Previdência Social, das prestações por acidente do trabalho não exclui a responsabilidade civil da empresa ou de outrem.*

A corrente predominante na jurisprudência brasileira justifica a cumulação sob diversos argumentos:

• enquanto a reparação infortunística decorre da teoria do risco, amparada pelo seguro social a cargo da Previdência Social, a responsabilidade civil comum funda-se na culpa do empregador ou de seus prepostos, ou seja, possuem causas e sujeitos passivos distintos;

• o salário de contribuição está submetido a um teto máximo, que serve também para o pagamento da indenização acidentária pela Previdência, e mesmo quando o trabalhador acidentado recebe salário maior, a indenização fica limitada a este;

• o trabalhador pode eventualmente exercer outra função, ter outra fonte de renda, que não é abrangida pela Previdência Oficial e por isto ficaria a descoberto da indenização acidentária;

• o seguro social não cobre os danos que o evento acarreta no seio familiar, o que vale dizer que a reparação acidentária não repara integralmente o dano emergente e o lucro cessante;

• a reparação acidentária tem natureza alimentar e compensatória em relação aos salários que o segurado deixa de receber, enquanto a reparação civil prevista no direito comum tem natureza indenizatória que objetiva reparar o dano causado;

• apesar da participação do empregador no custeio das indenizações por acidentes de trabalho, não pode eximir-se da sua responsabilidade fundamentada no direito comum, porque os riscos inerentes a esses sinistros são socializados, valendo dizer que são suportados por toda a sociedade, inclusive pelo empregado sinistrado, ainda que de forma reduzida e conjunta.

Em contraposição, os defensores da corrente que justifica a "compensação" das indenizações fundamentam que:

• a cumulatividade acarreta o enriquecimento sem causa do trabalhador e, a exemplo do direito francês, a opção pela indenização acidentária deve impedir o manejo da ação visando indenização baseada no direito comum;

• além de principais agentes contribuintes da Previdência Social, os empregadores ainda custeiam, de forma destacada, o seguro previdenciário de acidentes de trabalho (SAT), nos termos da Constituição Federal, art. 7º, XXVIII e da Lei n. 8.212 de 1991, art. 22, II, com alíquotas variadas de acordo com o grau do risco de acidentes no ambiente de trabalho, decorrente da atividade econômica preponderante;

• há identidade no interesse protegido pela Seguridade Social e pela responsabilidade civil do direito comum (a compensação da remuneração perdida em decorrência do mesmo evento danoso), que acarreta, com a cumulação de indenizações, claro e evidente enriquecimento sem causa da vítima do sinistro ou de seus familiares, conforme seja o caso;

• se a indenização acidentária não cobre a integralidade do dano, em decorrência do limite ao teto previsto em lei, ou porque o trabalhador sinistrado exerce outra função não acobertada pelo seguro social, por exemplo, deve postular a *diferença*, para reparação integral do dano causado pelo acidente de trabalho, apurado o dolo ou culpa do empregador, sob pena de receber valor superior àquele que receberia se o dano não existisse, fim a que não se presta o instituto da reparação civil prevista no direito comum.

A mobilização da AGU (Advocacia Geral da União) no Dia Mundial de Segurança e Saúde no Trabalho, em 28 de abril de 2011, que resultou no ajuizamento de 163 ações de regresso ao INSS (Instituto Nacional de Seguridade Social) contra empresas que descumprem normas de segurança no trabalho, visando ao ressarcimento das despesas previdenciárias geradas pelos acidentes de trabalho, traz à tona o confronto das duas correntes doutrinárias e jurisprudenciais.

De acordo com a Procuradoria Geral Federal, órgão da AGU (Advocacia Geral da União), que coordenou a mobilização, o Brasil é o quarto país no *ranking* mundial em acidentes fatais de trabalho e as ações não visam apenas ao ressarcimento esperado de R$ 39 milhões do que foi gasto pelos cofres públicos, mas, também e principalmente, que tenham efeito pedagógico para que as empresas se conscientizem da importância da segurança no ambiente laboral e de que é melhor investir na segurança do trabalhador ser condenada judicialmente a pagar valores em ressarcimento de despesas geradas por acidentes de trabalho.

Para José Eduardo Duarte Saad[162], a última etapa da linha evolutiva da defesa do acidentado no trabalho, incluídos os portadores de doenças ocupacionais, é a **teoria do risco social** que inseriu o respectivo seguro entre aqueles considerados obrigatórios, com fundamento na teoria da função social da empresa, cujo corolário acarreta a responsabilidade de toda a sociedade para dar cobertura e reparação do infortúnio laboral, princípio respeitado no direito comparado, com o aval do poder público, que tomou o lugar do direito resultante da aplicação da teoria subjetiva da culpa.

Entretanto, a regra é a indenização tarifada, que exclui a outra arrimada na responsabilidade subjetiva ou aquiliana (da culpa), citando o exemplo da Argentina, onde o trabalhador tem a faculdade de optar pela reparação automática fundada em lei ou pela indenização a ser debatida em juízo de acordo com os princípios da responsabilidade civil derivada da culpa do empregador.

---

(162) SAAD, José Eduardo Duarte, *in* NBR 6023:2002 ABNT. *Responsabilidade civil do empregador pelos danos decorrentes do acidente do trabalho. Jus Navigandi*, Teresina, ano 16, n. 2750, 11 jan. 2011. Disponível em: <http://jus.com.br/revista/texto/18242>. Acesso em: 13 maio 2011.

Não há sistema comparado ao brasileiro, em que a exceção à regra geral admite a cumulatividade das duas indenizações, sem qualquer compensação.

5.3. Responsabilidade social como pilar de modernidade no sistema de reparação de danos por doenças ocupacionais

Das doenças ocupacionais decorrem diversas responsabilidades.

Quanto à seguridade social, a responsabilidade pela concessão de benefícios (auxílio-doença, pensões, aposentadorias por invalidez) independe da culpa, bastando para tanto a prova do evento, do dano e do nexo causal entre estes.

Para além da responsabilização da seguridade social pelos riscos profissionais, o empregador responde por danos materiais (patrimoniais), imateriais (moral ou não patrimonial), quando incorrer em dolo ou culpa (CRFB, art. 7º, XXVIII) e em caso de agravamento previsto no Código do Trabalho português (art. 295º)[163], por força do disposto no art. 309º, que remetem às normas do Capítulo V do CT (*Acidentes de Trabalho*) às doenças profissionais (Capítulo VI).

O dispositivo da CRFB alargou de forma significativa o campo de atuação da responsabilidade civil, ao deixar de qualificar a culpa do empregador no acidente, superando a jurisprudência sedimentada na Súmula 229/STF, que exigia o grau de culpa grave para gerar a obrigação de reparar o dano decorrente de acidente de trabalho.

A responsabilidade civil pela reparação nos danos causados por doenças ocupacionais não prejudica a *responsabilidade criminal*[164] e *contraordenacional* (administrativa) em razão da violação das normas de segurança no trabalho[165].

---

(163) Art. 295º corresponde, em parte, ao art. 18º da LAT e estabelece o agravamento da responsabilidade do empregador em caso de:

— atuação culposa do empregador, seu representante ou entidade por aquele contratada (sendo, portanto, uma responsabilidade subjetiva);

— falta de observância pelo empregador, seu representante ou entidade por aquele contratada, das regras sobre segurança e saúde no trabalho.

(164) Exemplificativamente, Código Penal português: arts. 277º, n. 1, *a* e art. 152º, n. 1; Código Penal brasileiro, art. 267: "Causar epidemia, mediante a propagação de germes patogênicos:" Art. 269. "Deixar o médico de denunciar à autoridade pública doença cuja notificação é compulsória."

(165) c. RP, de 16.5.2005, CJ, Ano XXX, T. III, p. 225: "I – No caso de inobservância das regras de segurança na execução do trabalho, é à Ré seguradora que compete alegar e provar, não só a inexistência de meios de protecção colectiva, como a sua impraticabilidade, para que a falta de cinto de segurança ou de qualquer outro meio de protecção individual seja relevante para a apreciação da culpa da Ré patronal. II – Assim, não tendo a Ré seguradora demonstrado qual a verdadeira causa da queda do sinistrado, isto é, se esta se deveu à falta de guarda-corpos, guarda-cabeças ou redes, ou à falta de meios individuais, por impraticabilidade daqueles meios colectivos, ela é a responsável pela reparação dos danos resultantes do acidente de trabalho".

A Lei n. 6.514, de 22.12.1977 (altera o Capítulo V do Título II da Consolidação das Leis do Trabalho, relativo à Segurança e Medicina do Trabalho). SEÇÃO XVI. Das penalidades. Art. 201. As infrações ao disposto neste Capítulo relativas à medicina do trabalho serão punidas com multas de 30 (trinta) a 300 (trezentas)

Por oportuno, faz-se necessário esboçar as perspectivas da responsabilidade civil do empregador que causa danos a direitos de personalidade dos trabalhadores, por dolo ou culpa, na ocorrência de doenças ocupacionais.

Se o acidente de trabalho típico não suscita grandes dificuldades na avaliação e diagnóstico quanto ao dia, hora e local da ocorrência, o mesmo não ocorre nas doenças ocupacionais, que exigem maior cuidado e pesquisa na identificação do nexo causal, sendo muitas vezes necessários exames complementares para diagnósticos diferenciais, com recursos tecnológicos mais apurados, para formar o convencimento, no que pertine à origem ou às razões do adoecimento. A própria lei acidentária exclui do conceito dessas doenças aquelas de caráter degenerativo inerentes a grupo etário.

Na busca de fixação de critérios técnicos mais apropriados para solucionar inúmeras controvérsias a respeito da causalidade das doenças relacionadas ao trabalho, o Conselho Federal de Medicina baixou resolução (n. 1.488, de 11.2.1998) com recomendações para elaboração de laudos periciais[166].

Em determinadas doenças ocupacionais, a exemplo daquela exposta no item "3.4.1." (Exposição ao asbesto ou amianto), cujo tempo de latência é longo, geralmente superior a dez anos, o diagnóstico é feito com base nas alterações radiológicas e história funcional do trabalhador, dificultando o trabalho técnico e suscitando questionamentos extrajudicial e judicial em diversas instâncias, até que a reparação possa ser efetivada via processo judicial de reparação tradicional.

Há um descompasso entre a proteção supralegal do direito à vida, à integridade física e moral, com o instituto da responsabilidade civil, incluída aí a responsabilidade securitária, perante a dificuldade, *a priori*, de constatar-se a consolidação da lesão incapacitante.

---

vezes o valor de referência previsto no art. 2º, parágrafo único, da Lei n. 6.205, de 29 de abril de 1975, e as concernentes à segurança do trabalho com multa de 50 (cinquenta) a 500 (quinhentas) vezes o mesmo valor.

(166) Art. 2º: Para o estabelecimento do nexo causal entre os transtornos de saúde e as atividades do trabalhador, além do exame clínico (físico e mental) e os exames complementares, quando necessários, deve o médico considerar:

I – a história clínica e ocupacional, decisiva em qualquer diagnóstico e/ou investigação de nexo causal;
II – o estudo do local de trabalho;
III – o estudo da organização do trabalho;
IV – os dados epidemiológicos;
V – a literatura atualizada;
VI – a ocorrência de quadro clínico ou subclínico em trabalhador exposto a condições agressivas;
VII – a identificação de riscos físicos, químicos, biológicos, mecânicos, estressantes e outros;
VIII – o depoimento e a experiência dos trabalhadores;
IX – os conhecimentos e as práticas de outras disciplinas e de seus profissionais, sejam ou não da área da saúde.

Isso ocorre porque, tradicionalmente, as seguradoras têm critérios mais restritos que as instituições ligadas ao setor de saúde, por exemplo, que adotam critérios necessariamente mais amplos, pois levam em conta *a priori* a prevenção, e não a compensação.

Normalmente, quando se fala em reconhecimento de um quadro como doença ocupacional e incapacidade laboral, a referência é a Previdência Social no Brasil e o CNPCRP (Centro Nacional de Protecção Contra os Riscos Profissionais) em Portugal, aos quais competem a avaliação, graduação e reparação pelos danos diagnosticados (Decreto n. 3.048/1999, de 6 de maio, que aprova o Regulamento da Previdência Social, art. 337; CT, art. 312º), que pouco atuam na parte de prevenção, gastando quase que integralmente os seus recursos, na reparação dos sinistros.

Na ciência jurídica, que tem a vocação inata de buscar sempre entronizar o justo, percebem-se algumas ideias que incorporam adesões e consolidam tendências; apontam para a teoria do risco ou da responsabilidade civil de natureza objetiva, resultado da evolução da irresponsabilidade patronal, substituída pela responsabilidade por dolo, acrescida pela responsabilidade por culpa grave, que, desde a promulgação da CRFB de 1988, independe do grau de culpa, questionando-se, na atualidade, se a cláusula geral da responsabilidade sem culpa, do CCB, art. 927, parágrafo único, é aplicável nas indenizações por acidentes de trabalho ou doenças ocupacionais.

A reparação baseada no rigor da culpa cede espaço para a responsabilidade sem culpa, que busca amparar as vítimas dos infortúnios e atingir o objetivo fundamental de formar uma sociedade mais justa e solidária, reduzindo a concentração de rendas, incluindo todos os partícipes no plano de construção do Estado Democrático de Direito, fundado na valorização do trabalho e na propriedade com função social.

Todas as transformações do mundo do trabalho apontam para novos desafios, diante da estreita relação com ramos especiais das ciências jurídicas, como o direito previdenciário, direito de personalidade; sem contar que o direito do trabalho sempre esteve umbilicalmente ligado à economia e à política, atuantes de forma nefasta nas sociedades em desenvolvimento, que passam a ser palco de quadro de desemprego crônico, aumento da informalidade, precarização das relações laborais, exclusão social, volatilização de capitais e marginalização da classe trabalhadora.

Dos grandes modelos que se confrontaram no século XX, verifica-se que o comunismo soube distribuir riqueza, mas não produzi-la, enquanto que o capitalismo soube produzir riqueza, mas não distribuí-la[167].

O contrato de trabalho, pelo valor social e econômico que historicamente incorporou, não pode sustentar-se somente na parte economicamente mais forte, em detrimento de valores consagrados supranacionalmente, não menos relevantes que o direito de propriedade e da livre iniciativa.

---

(167) Cfr. Enoque Ribeiro dos Santos citando Domenico de Masi. *A função social do contrato, a solidariedade e o pilar da modernidade nas relações de trabalho.* São Paulo: LTr, 2003. p. 103.

O direito fundamental de propriedade e a ordem econômica encontram-se vinculados ao atendimento à sua função social, fundada na valorização do trabalho humano, na livre iniciativa (CRFB, art. 5º, XXII e XXIII; art. 170) e ao poder político democrático (art. 80º, a), conjugado com a liberdade de contratar, exercida em razão e nos limites da função social (CCB, art. 421), que devem ser observados nas relações laborais.

Ao trabalhador é assegurado o direito social fundamental à prestação do trabalho em condições de higiene, segurança e saúde (CRP, art. 59º;1.c) e à redução dos riscos inerentes ao trabalho, por meio de normas de saúde, higiene e segurança (CRFB, art. 7º, XXII).

A saúde é direito de todos e também um dever de defendê-la e promovê-la (CRFB, art. 196; CRP, art. 64º/1).

Assim é que nas relações laborais o empregador responde socialmente pela promoção de um ambiente de trabalho seguro, em razão do dever de prevenção e o direito de proteção da saúde perante os riscos ocupacionais.

A obrigação de prevenção do empregador deriva-se do contrato de trabalho, pelo qual responde e garante a segurança e saúde dos trabalhadores a seu serviço, em todos os aspectos relacionados ao trabalho, em razão do poder de direção que possui na relação contratual, na escolha de todos os equipamentos necessários ao desenvolvimento da atividade econômica em que atua, e não pode apenas ficar com a parte lucrativa do negócio, transferindo para o Estado o ônus de promover o bem-estar a seus empregados.

Fundamenta-se o direito do trabalhador na obrigação contratual de trabalhar, no direito de proteção eficaz diante dos riscos laborais e no direito fundamental personalíssimo à vida e à integridade física e moral.

Pelos fatos expostos no item "5.1", a seguridade social, mediante diversos fatores que transformaram as relações laborais, responde parcialmente pelos danos decorrentes das doenças ocupacionais e a tendência mundial de que a atividade, antes monopólio estatal, será promovida, concorrente ou supletivamente, pela iniciativa privada mantida diretamente pelo empregador na parte residual.

De acordo com as informações da Previdência Social[168], em relação à arrecadação e aos gastos em 2009, há uma tendência de equilíbrio entre receita e despesa na área urbana (a arrecadação líquida cobriu 98,5%, 99,1% e 91,5% do total de benefícios pagos em 2009, 2008 e 2007, respectivamente), mas há necessidade de financiamento extremamente alto no meio rural, em consequência da política de inclusão dos trabalhadores rurais da economia familiar no regime geral da previdência social, pois

---

(168) Fonte: Fluxo de Caixa INSS; Informar/INSS. Elaboração: SPS/MPS. Disponível em: <http://www.mpas.gov.br/conteudoDinamico.php?id=343>. Acesso em: 13 maio 2011.

houve um crescimento de 12,6% nos financiamentos, ou seja, mais R$ 4,9 milhões na comparação com 2008.

Não há consenso no Congresso Nacional acerca da regulamentação reformadora da Previdência Social, iniciada com a Emenda Constitucional 20/1998, que permita a transferência do seguro acidentário para a iniciativa privada, que espera transformá-lo num promissor mercado lucrativo no Brasil.

Assim, a responsabilidade social do Estado, mitigada pela tendência privatizante do seguro contra acidente de trabalho ou doença ocupacional, seja por meio de seguradoras ou pelo modelo de mútuas (instituições sem fins lucrativos, ligadas a entidades sindicais e às próprias empregadoras), encontra-se num processo de transferência residual ao empregador, que, em última análise, responde integralmente quer pelo risco criado pela atividade econômica (teoria do risco criado), quer pela responsabilidade civil, por atuar com dolo ou culpa na manutenção dos direitos de personalidade (à vida e à integridade física e moral) de seus trabalhadores, em razão da ineficiência dos sistemas de seguridade social pública e pela atuação das companhias seguradoras nacionais e internacionais no sentido de transformar a segurança e saúde do trabalhador em mais uma atividade lucrativa.

Conclusões

1. O instituto da responsabilidade civil integra o direito das obrigações, que sucede a transgressão de um dever jurídico ou direito, na medida em que toda atividade humana que gere um prejuízo, *a priori,* acarreta a responsabilidade ou o dever de indenizar.

2. Do conjunto de princípios e normas que regem a obrigação de indenizar, destaca-se a autonomia privada, como expressão da liberdade de contratar, que abrange não só a escolha do modelo contratual, mas também a celebração de negócios jurídicos, a estipulação do conteúdo da prestação e, por isso mesmo, a responsabilidade na execução das regras escolhidas e dos riscos assumidos.

3. A doutrina clássica faz alusão a cinco pressupostos da responsabilidade civil: um fato, a ilicitude, a culpa, o dano e o nexo causal entre o fato e o dano, dos quais são imprescindíveis o dano e sua imputação a alguém, que nem sempre são concomitantes.

4. A responsabilidade civil por risco prescinde da culpa e incrementou o instituto, ao transferir esse pressuposto a outrem pela via dos contratos de seguro.

5. Dano é o prejuízo causado pelo agente e é resultado da perda de uma vantagem tutelada juridicamente, correspondente à supressão de uma vantagem, através da perda de um direito subjetivo ou da não aquisição de um direito.

6. Pela teoria clássica, nem todo dano é ressarcível, mas tão somente aquele que preencher certos requisitos como a *certeza,* a *atualidade* e a *subsistência.*

7. Doenças ocupacionais é o gênero mais próximo que abrange as duas espécies: doenças profissionais peculiares a determinada atividade ou profissão, também denominadas de doenças profissionais típicas, tecnopatias ou ergopatias, e doenças do trabalho ou doença profissional atípica ou mesopatia, oriunda da atividade laboral, mas não necessariamente vinculada a esta ou àquela profissão.

8. As transformações em curso no mundo do trabalho, decorrentes da introdução de novos modelos organizacionais e de gestão, têm repercussões ainda pouco conhecidas sobre a saúde do trabalhador, relacionadas ao trabalho, caracterizadas pela ocorrência de vários sintomas concomitantes ou não, que agregam as doenças antigas, praticamente erradicadas na atualidade, como a gota induzida por chumbo

e fluorese do esqueleto, e tantas outras, notadamente as que compõem o grupo de *Doenças do Sistema Osteomuscular e do Tecido Conjuntivo Relacionadas ao Trabalho* (LER/DORT) e do grupo de *Distúrbios mentais relacionados ao trabalho* (neurose profissional, transtorno do ciclo vigília-sono e fatores não orgânicos ou síndrome do esgotamento profissional).

9. Pelo fato de existir a pessoa adquire a personalidade, um *status*, uma qualidade que se impõe ao Direito de forma objetiva na regulação supranacional, lei constitucional e na lei ordinária, cuja *ratio* funda-se em razões de ordem pública, como um dever de todos, Estado e até mesmo do seu titular de respeitar a dignidade humana (direito objetivo de personalidade) e também, subjetivamente, independentemente da tutela objetiva, conferindo meios ou poderes ao seu titular para defesa da sua própria dignidade (direito subjetivo de personalidade).

10. O direito de personalidade submete-se a um regime geral de tutela, independentemente da responsabilidade civil, que atribui o poder de requerer toda e qualquer providência necessária e adequada às circunstâncias do caso, para fazer cessar e evitar a consumação da ameaça ou atenuar os efeitos da ofensa já consumada.

11. A classificação clássica que melhor expressa as categorias de direitos de personalidade que adotamos: direito à personalidade (direito à vida, direito à integridade física e moral); direito à conservação da personalidade (direito à confidencialidade dos dados de saúde e das correspondências e direito à reserva da intimidade); e direito à realização da personalidade (direito à liberdade de expressão).

12. As doenças ocupacionais afetam direitos de personalidade, notadamente: direito à vida, direito à integridade física e moral, direito à proteção de dados relativos à saúde.

13. Sempre que um direito de personalidade, como o direito à vida ou o direito à integridade física e moral, integrar a categoria dos direitos fundamentais, submete-se, também, a esse regime específico dotado de meios que visam assegurar a sua efetivação e, por essa razão, beneficia-se cumulativamente, de modo que a sua tutela ficará reforçada.

14. A evolução da doutrina e jurisprudência brasileira, de forma escassa, trata de questões periféricas, na busca de assegurar ao trabalhador os direitos que compõem a categoria básica dos direitos de personalidade, sem o que a própria existência do direito ficaria sem a força legitimadora.

15. A seguridade social, como valor social, princípio de ação política e sistema jurídico do Estado Democrático de Direito trata-se de um dever estatal, que constitui uma das prestações positivas devidas à pessoa, individual ou coletiva, até mesmo para assegurar-lhe meios e condições mínimas para atuar e desenvolver os

direitos que dizem respeito ao patrimônio básico constitutivo, à conservação e ao aperfeiçoamento da personalidade, na ocorrência de evento danoso resultante de doença ocupacional.

16. A crise do Estado social, dada a íntima ligação com a seguridade social, sofre os efeitos de forma direta, que se pode afirmar tratar-se de crise mundial, provocados pela introdução dos principais direitos a partir da II Guerra Mundial, quando os horrores vivenciados provocaram a busca de segurança, bem-estar e tranquilidade em relação ao futuro, que, todavia, são bem diferentes das atuais e exercem relevante pressão porque os regimes de seguro social são sempre de longo prazo. Seus efeitos, por mais bem planejados que sejam os cálculos atuariais, só serão sentidos 30 ou 40 anos depois, quando se inicia o pagamento da maior parte dos benefícios, que, aliados a outros fatores econômicos e sociais, causam o *deficit* da seguridade social, colocando-a em risco da própria sobrevivência.

17. A ideia de o Estado assegurar somente o mínimo necessário ao atendimento das necessidades básicas do trabalhador sinistrado generaliza-se, levando à busca da iniciativa privada, com a finalidade de complementar a cobertura e a proteção pública, cada vez mais restrita às pessoas de maiores carências, por pressão exercida pelas "autoridades monetárias internacionais" e pelo capitalismo financeiro.

18. Os dados oficiais sobre as doenças ocupacionais têm sido cada vez mais desconsiderados pelos estudiosos de segurança e saúde do trabalhador, em razão da subnotificação crônica, da inclusão apenas da força de trabalho formal do Estado, excluindo os servidores públicos e os trabalhadores informais, que respondem por fração considerável da população economicamente ativa no Brasil.

19. As perspectivas dos ordenamentos jurídicos contemporâneos são de alargar cada vez mais o dever de indenizar, na busca do equilíbrio patrimonial e moral violados, pois todo prejuízo não reparado é fator de inquietação da sociedade.

20. Constata-se, na atualidade, que não há regime de seguridade social público suficiente para reparar integralmente os danos físico e moral causados por doenças ocupacionais, restando o caminho da necessidade de transferir para a entidade patronal, integrante que é de um dos pilares de sustentação da seguridade social, o ônus que lhe cabe na prevenção dos riscos a que seus trabalhadores estão expostos e na promoção do bem-estar social no ambiente de trabalho, de forma cumulativa com a obrigação de reparar o dano causado por dolo ou culpa.

21. Para a responsabilização social da entidade patronal, faz-se necessário o manuseio da categoria de direitos de personalidade atribuído à pessoa para defesa de sua dignidade, que inclui a vida plena, com integridade física, psíquica e moral, exigindo que cesse a ameaça ou lesão a direito de personalidade afetados por doenças ocupacionais.

22. O julgamento histórico no dia 13 de fevereiro de 2012, pelo Tribunal de Justiça de Turim (norte da Itália), que condenou a dezesseis anos de prisão dois ex-diretores da multinacional Eternit, o bilionário suíço Stephan Schmidheiny (65 anos) e o ex-acionista belga, o barão Jean-Louis Marie Ghislain de Cartier de Marchienne (91 anos), por terem causado, de modo intencional, a morte de 3 mil pessoas, com o uso do amianto em seus materiais de construção, além de terem violado regras de segurança em suas fábricas da Itália, que funcionaram de 1976 a 1986, traz alento à luta pela preservação dos direitos de personalidade na vigência do contrato laboral.

Referências Bibliográficas

ABRANTES, José João Nunes. O código do trabalho e a Constituição. In: *Revista Questões Laborais*, ano X, n. 22, Coimbra: Coimbra Editora, 2003, 123-154.

_____. Contrato de trabalho e meios de vigilância da actividade do trabalhador. In: ASCENSÃO, J. Oliveira; ALBUQUERQUE, R.; ALBUQUERQUE, M.; MARTINEZ, P. Romano (Coords.). *Estudos em homenagem ao professor Doutor Raúl Ventura*. vol. II, Coimbra: Almedina, 2003.

_____. *Contrat de travail et droits fondamentaux — contribution à une dogmatique commune européene, avec référence espéciale au droit allemand et au droit portugais*. Frankfurt am Main: Peter Lang, 2000.

_____. Contrato de trabalho e direitos fundamentais. In: MOREIRA, A. (Coord.). *II Congresso Nacional de Direito do Trabalho-Memórias*. Coimbra: Almedina, 1999.

ALEXANDRE, Isabel. *Provas ilícitas em processo civil*. Coimbra: Almedina, 1998.

ALEXY, Robert. *Teoria de los derechos fundamentales*. Trad. Ernesto Garzón Valdés. 3. reimp. Madrid: Solana e Hijos, 2002.

AMARAL, Francisco. *Direito Civil*. Introdução. 3. ed. São Paulo: Renovar, 2000.

ASCENSÃO, José de Oliveira. *Direito Civil — teoria geral*. Introdução. As Pessoas. Os Bens. vol. I, 2. ed. Coimbra: Coimbra Editora, 2000.

_____. *O Direito*. Introdução e teoria geral, uma perspectiva luso-brasileira. 11. ed. Coimbra: Almedina, 2001.

_____. Os direitos de personalidade no Código Civil brasileiro. Separata da *Revista Forense*, vol. 342, 121-129.

BARACAT, Eduardo Milléo. *A boa-fé no direito individual do trabalho*. São Paulo: LTr, 2003.

BEVILÁQUA, Clóvis. *Theoria geral do Direito Civil*. Rio de Janeiro: Livraria Francisco Alves, 1908.

BOBBIO, Norberto. *Teoria do ordenamento jurídico*. Trad. Maria Celeste C. J. Santos, apres. Tercio Sampaio Ferraz Júnior. 10. ed. Brasília: Editora Universidade de Brasília, 1999.

BONAVIDES, Paulo. *Curso de Direito Constitucional*. 13. ed. São Paulo: Malheiros, 2003.

CABRAL, Fernando A. *Segurança e saúde do trabalho*. 4. ed. Coimbra: Almedina, 2006.

CABRAL, Rita Amaral. O direito à intimidade da vida privada. In: *Estudos em memória do professor Paulo Cunha*. Lisboa: Tipografia Guerra, 1989.

CAMPOS, Diogo Leite de. *Lições de direitos da personalidade*. 2. ed. Coimbra: 1992.

CAMPOS, Rodrigo Ramos de Arruda. O risco no seguro contra acidentes de trabalho. In: CUTAIT NETO, Michel (Org.). *Contribuições sociais em debate*. São Paulo: JHM, 2003.

CANARIS, Claus-Wilhelm. *Pensamento sistemático e conceito de sistema na ciência do direito*. Introdução e tradução A. Menezes Cordeiro. 3. ed. Lisboa: Fundação Calouste Gulbenkian, 2002.

_____. *Direitos fundamentais e direito privado*. Trad. I. Wolfgang Sarlet e P. Mota Pinto, Coimbra: Almedina, 2003.

CANOTILHO, José Joaquim Gomes. *Direito constitucional e teoria da Constituição*. 7. ed. Coimbra: Almedina, 2003.

CARACUEL, Alarcón; ORTEGA, Santiago Gonzaléz. *Os direitos fundamentais e a seguridade social*. São Paulo: LTr, 2005. CASTRO, Catarina Sarmento e. *Direito da informática, privacidade e dados pessoais*. Coimbra: Almedina, 2005.

CORDEIRO, Antonio da Rocha Menezes. *Tratado de Direito Civil português*. I – Parte Geral, Tomo III (Pessoas). Coimbra: Almedina, 2004.

CORDEIRO, Antonio Manuel Menezes. *Da Boa-Fé no Direito Civil*. Coimbra: Almedida, 1984. vol. I.

_____. Contrato de trabalho e objeção de consciência. In: ASCENSÃO, J. Oliveira; ALBUQUERQUE, R.; ALBUQUERQUE, M.; MARTINEZ, P. Romano (Coords.). *Estudos em homenagem ao professor Doutor Raúl Ventura*. Vol. II. Coimbra: Almedina, 2003.

_____. Os direitos de personalidade na civilística portuguesa. In: CORDEIRO, A. Menezes; LEITÃO, L. M. T. de Menezes; GOMES, J. C. (Coords.). *Estudos em homenagem ao professor Doutor Inocêncio Galvão Telles*. 1. vol. Coimbra: Almedina, 2002.

_____. *Tratado de Direito Civil português*. I – Parte Geral, Tomo I. Coimbra: Almedina, 1999.

_____. A liberdade de expressão do trabalhador. In: MOREIRA, A. (Coord.). *II Congresso Nacional de Direito do Trabalho — Memórias*. Coimbra: Almedina, 1999.

_____. O respeito pela esfera privada do trabalhador. In: MOREIRA, A. (Coord.). *I Congresso Nacional de Direito do Trabalho — Memórias*. Coimbra: Almedina, 1998.

_____. *Manual de Direito do Trabalho*. reimp. Coimbra: Almedina, 1994

CUPIS, Adriano de. *Os direitos da personalidade*. Trad. de Adriano Vera Jardim e Antonio Miguel Caeiro. Lisboa: Livraria Morais Editora, 1961.

DAVID, René. *Os grandes sistemas do direito contemporâneo*. Trad. Hermínio A. Carvalho. 4. ed. São Paulo: Martins Fontes, 2002.

DIAS, José de Aguiar. *Da responsabilidade civil*. 6. ed. Rio de Janeiro: Forense, 1979.

DIAS, Elizabeth Costa (Coord.); colaboradores ALMEIDA, Ildeberto Muniz *et al*. *Doenças relacionadas ao trabalho*: manual de procedimentos para os serviços de saúde. Ministério da Saúde do Brasil, Representação do Brasil da OPAS/OMS. Brasília: Editora MS, 2001.

DRAY, Guilherme Machado. Justa causa e esfera privada. In: MARTINEZ, P. Romano (Coord.). *Estudos do Instituto de Direito do Trabalho*. Vol. II. Coimbra: Almedina, 2001.

DRUMMOND, Victor Gameiro. *O direito à privacidade e a internet*. Relatório para a disciplina Direito de Autor e Sociedade da Informação sob a regência dos Professores Doutores J. Oliveira Ascensão, L. M. T. de Menezes Leitão e L. de Lima Pinheiro, 2000/2001, FDL, cota T3062 BFDL.

DUBY, Georges. *Histoire de la France:* des origines à nos jours. Paris: Larousse, 1995. p. 432.

FERNANDES, Antonio Monteiro. Notas sobre o controlo de constitucionalidade do Código do Trabalho. In: *Revista Questões Laborais*, ano X, n. 22, Coimbra: Coimbra Editora, 2003.

GILISSEN, John. *Introdução histórica ao Direito.* Lisboa: Fundação Calouste Gulbenkian, 1988.

GOMES, Dinaura Godinho Pimentel. *Direito do Trabalho e dignidade da pessoa humana, no contexto da globalização econômica.* São Paulo: LTr, 2005.

GOMES, Orlando. *Introdução ao Direito Civil.* 10. ed. Rio de Janeiro: Forense, 1988.

GRAÇA, L. (1999): Enquadramento histórico da produção legislativa no domínio da Segurança, Higiene e Saúde no Trabalho (SH&ST). Lisboa: Universidade Nova de Lisboa, Escola Nacional de Saúde Pública, Grupo de Disciplinas de Ciências Sociais em Saúde, Disciplina de Sociologia da Saúde / Disciplina de Psicossociologia do Trabalho e das Organizações de Saúde (Textos, T 1325), mimeog., 75 + 18 p.

GUERRA, Amadeu. *A privacidade no local de trabalho.* Coimbra: Almedina, 2004.

GUANTER, Salvador Del Rey. La reciente doctrina del Tribunal Constitucional sobre la libertad de expresión e información em la relación laboral: extensión y límites. In: AROCHENA, J. F. Lousada; GARCÍA, M. Movilla (Coords.). *Derechos fundamentales y contrato de trabajo.* 1ª Jornadas de Outono de Direito Social. Granada: Editorial Comares, 1998.

HIRIGOYEN, Marie-France. *Assédio moral:* a violência perversa no cotidiano. Trad. Maria Helena Kühner. 5. ed. Rio de Janeiro: Bertrand Brasil, 2002.

LARENZ, Karl. *Metodologia da ciência do direito.* Trad. José Lamego. 3. ed. Lisboa: Fundação Calouste Gulbenkian, 1997.

LEITÃO, Luís Manuel Teles de Menezes. *Código do Trabalho anotado.* Coimbra: Almedina, 2003.

LEITE, Jorge. Código do trabalho — algumas questões de (in)constitucionalidade. In: *Revista Questões Laborais*, ano X, n. 22, Coimbra: Coimbra Editora, 2003.

LISBOA, Roberto Senise. A inviolabilidade de correspondência na *internet*. In: *Direito e internet, aspectos jurídicos relevantes.* São Paulo: De Lucca, Newton & Simão Filho, Adalberto, Edipro, 2000.

LUHMAN, Niklas. *Legitimação pelo procedimento.* Trad. Maria da Conceição Côrte-Real. Brasília: Editora Universidade de Brasília, 1980.

MACHADO, J. Baptista. *Introdução ao Direito e ao discurso legitimador.* 9. reimp. Coimbra: Almedina, 1996.

MARANO, Vicente Pedro. *Doenças ocupacionais.* São Paulo: LTr, 2003.

MARTINEZ, Pedro Romano; MONTEIRO, Luís Miguel; BRITO, Joana Vasconcelos Pedro Madeira de; DRAY, Guilherme Machado; SILVA, Luís Gonçalves da. *Código do Trabalho anotado.* Coimbra: Almedina, 2003.

_____. Considerações gerais sobre o Código do Trabalho. Separata de *Revista de Direito e de Estudos Sociais*, jan./jun. 2003, n. 1 e 2.

MEDINA, M. C. G. *A aposentadoria por invalidez no Brasil.* Tese (Dissertação de Mestrado) — Faculdade de Saúde Pública, Universidade de São Paulo-SP, 1986.

MELGARÉ, Plínio Saraiva. *Juridicidade:* sua compreensão político-jurídica a partir do pensamento moderno-iluminista. Coimbra: Coimbra Editora, 2003.

MELHADO, Reginaldo. *Poder e sujeição*. Os fundamentos da relação de poder entre capital e trabalho e o conceito de subordinação. São Paulo: LTr, 2003.

MICHEL, Oswaldo. Acidentes do trabalho e doenças ocupacionais. 2. ed. São Paulo: LTr, 2001.

MIRANDA, Jorge. *Teoria do Estado e da Constituição*. Coimbra: Coimbra Editora, 2002.

_____. *Manual de direito constitucional, direitos fundamentais*. tomo IV, 3. ed. Coimbra: Coimbra Editora, 2000.

MOCELLIN, L. *Profilaxia dos traumatismos sonoros na surdez profissional*. Tese para concurso à livre docência da cadeira de clínica otorrinolaringológica da Faculdade de Medicina da Universidade do Paraná, Curitiba, 1951.

MONCADA, Luis Cabral de. *Lições de Direito Civil* (Parte Geral), 4. ed. rev. Coimbra: Almedina, 1995.

_____. *Filosofia do Direito e do Estado, I (Parte histórica) e II (Doutrina e crítica)*. Coimbra: Coimbra Editora, 1995.

MOON, S. D. A psychosocial view of cumulative trauma disorders: implications for occupational health and prevention. In: MOON, S. D.; SAUTER, S. L. *Beyond biomechaics*: psychosocial aspects of musculoskeleta disorders in office work. London: Taylor & Francis. p. 109-143.

MOREIRA, Teresa Alexandra Coelho. *Da esfera privada do trabalhador e o controlo do empregador*. Coimbra: Coimbra Editora, 2004.

PEREIRA, Caio Mario da Silva. *Instituições de Direito Civil, introdução ao direito civil*. Teoria geral de direito civil. vol. I, 20. ed. Rio de Janeiro: Forense, 2004.

_____. *Responsabilidade civil*. 8. ed. Rio de Janeiro: Forense, 1997.

PERELMAN, Chaïm. *Lógica jurídica — nova retórica*. Trad. Vergínia K. Pupi. 3. tir. São Paulo: Martins Fontes, 2000.

_____. *Tratado da argumentação*. Trad. de Maria Ermantina Galvão. 1. ed. 5. tir. São Paulo: Martins Fontes, 2002.

QUEIROZ, Cristina M. M. *Direitos fundamentais (Teoria geral)*. Coimbra: Coimbra Editora, 2002.

QUINTAS, Paula. *Manual de direito da segurança, higiene e saúde no trabalho*. Coimbra: Almedina, 2006. p. 213.

RAMALHO, Maria do Rosário Palma. *Da autonomia dogmática do Direito do Trabalho*. Coimbra: Almedina, 2000.

_____. *Estudos de Direito do Trabalho*. vol. I. Coimbra: Almedina, 2003.

_____. Contrato de trabalho e direitos fundamentais da pessoa. In: RAMOS, R. M. M.; ALMEIDA, C. F.; SANTOS, A. M.; VASCONCELOS, P. P.; PINHEIRO, L. L.; BRITO, M. H.; VICENTE, D. M. (Comissão Org.). *Estudos em homenagem à professora Doutora Isabel de Magalhães Collaço*. vol. II. Coimbra: Almedina, 2002.

RANDULFE, Fernando Martínez. Derecho a la intimidad y relación de trabajo: aproximaciones. In: AOCHENA, J. F. Lousada; GARCÍA, M. Movilla (Coords.). *Derechos fundamentales y contrato de trabajo*. 1ª Xornadas de Outono de Direito Social. Granada: Editorial Comares, 1998.

REALE, Miguel. *Filosofia do direito*. 20. ed. São Paulo: Saraiva, 2002.

REDINHA, Maria Regina Gomes. Assédio moral ou *"mobbing"* no trabalho. In: ASCENSÃO, J. O.; ALBUQUERQUE, R.; ALBUQUERQUE, M.; MARTINEZ, P. R. (Coords.). *Estudos em homenagem ao professor Doutro Raúl Ventura*. vol. II, Coimbra: Coimbra Editora, 2003.

RIGAUX, François. *A lei dos juízes*. Trad. Edmir Missio. 2. tir. São Paulo: Martins Fontes, 2003.

ROCHAIX, Maurice. *Les questions hospitalières*: de la fin de l'Ancien Régime à nos jours. Paris: Berger--Levrault, 1996. p. 63-66.

RODRIGUES, Silvio. *Direito Civil*. Parte geral. vol. I, 27. ed. São Paulo: Saraiva, 1997.

SANTOS, Enoque Ribeiro dos. *A função social do contrato, a solidariedade e o pilar da modernidade nas relações de trabalho*. São Paulo: LTr, 2003.

Sabina Pereira dos. *Direito do trabalho e política social na União Europeia*. Cascais: Principia, 1999.

SARDERA, Milé. *O Código do Trabalho e a privacidade*. Disponível em: <http://pt.indymedia.org/ler.php?numero=8434&cidade=1>. Acesso em: 26 dez. 2003.

SARLET, Ingo Wolfgang. *A eficácia dos direitos fundamentais*. 3. ed., rev. e atual. Porto Alegre: Livraria do Advogado, 2003.

SCHMITT, Carl. *La defensa de la Constitucion*. Trad. Manuel Sanchez Sarto. 2. ed. Madrid: Editorial Tecnos, 1998;

SEABRA, Antonio Luiz de. *A propriedade*. Coimbra: Imprensa da Universidade de Coimbra, 1850.

SELIGMAN, J.; Ibanez, R. N. Considerações a respeito da perda auditiva induzida pelo ruído. *ACTA AWHO*, 12:75-9, 1993.

SILVA, Manuel Duarte Gomes da. Esboço de uma Concepção Personalista do Direito. Separata da *Revista da Faculdade de Direito da Universidade de Lisboa*, vol. XVII, Lisboa, E. N. P., 1965.

SIMÓN, Sandra Lia. *A proteção na constituição da intimidade e da vida privada do empregado*. São Paulo: LTr, 2000.

SOUSA, Rabindranath Valentino Aleixo Capelo de. *O direito geral de personalidade*. Coimbra: Coimbra Editora, 1995.

SOUZA, Marco Antônio Scheuer de. *O dano moral nas relações entre empregados e empregadores*. Erechim: Edelbra, 1998.

STOCO, Rui. *Responsabilidade civil e sua interpretação jurisprudencial*. 2. ed. São Paulo: Revista dos Tribunais, 1995.

STRENGER, Irineu. *Responsabilidade civil no Direito interno e internacional*. 2. ed. São Paulo: LTr, 2000.

TEIXEIRA, Antonio Braz. *Sentido e valor do direito — Introdução à filosofia jurídica*. Lisboa: Imprensa Nacional — Casa da Moeda, 1990.

VASCONCELOS, Pedro Pais de. *Teoria geral do Direito Civil*. 2. ed. Coimbra: Almedina, 2003.

_____. A natureza das coisas. In: ALBUQUERQUE, R.; ALBUQUERQUE, M. (Coords.). *Estudos em homenagem ao professor Doutor Manuel Gomes da Silva*. Coimbra: Coimbra Editora, 2001.

VENOSA, Silvio de Salvo. *Direito Civil*. Responsabilidade civil. Vol. 4, 3. ed. São Paulo: Atlas, 2003.

ZIPPELIUS, Reinhold. *Teoria geral do Estado*. 2. ed. Lisboa: Editora Calouste Gulbenkian, 1984.

Sítios Pesquisados

<http://ext02.tst.jus.br/pls/no01/NO_NOTICIASNOVO.Exibe_Noticia?p_cod_noticia=12191&p_cod_area_noticia=ASCS&p_txt_pesquisa=acidentes%20de%20trabalho>. Acesso em: 9 maio 2011.

<http://www.fasubra.servicos.ws/index.php?option=com_content&view=article&id=691:acidentes-de-trabalho-no-brasil&catid=13:geral&Itemid=19>. Acesso em: 28 ago. 2010.

<http://forumdotrabalho.blogspot.com/2010/01/anuario-estatistico-de-acidentes-do.html>. Acesso em: 28 ago. 2010.

<http://www.euvoupassar.com.br>. Acesso em: 11 maio 2011.

<www.ibge.gov.br>. Acesso em: 11 maio 2011.

<www.mpas.gov.br>. Acessos em: 11 e 13 maio 2011.

<www.abbr.org.br>. Acesso em: 9 maio 2011.

<www.tst.jus.br>. Acesso em: 13 maio 2011.

<http://exame.abril.com.br/economia/meio-ambiente-e-energia/noticias/ex-diretores-da-eternit-condenados-por-uso-de-amianto>. Acesso em: 18 jun. 2012.

Anexos

Anexo I: Declaração de Tóquio

Congresso Mundial do Amianto em Tóquio 2004
Novembro de 19-21, 2004 – Universidade de Waseda, Tóquio – Japão

21 de Novembro de 2004.

Os participantes do Congresso Mundial do Amianto em Tóquio (GAC2004), ocorrido entre 19-21.11.2004, reunindo 40 países e regiões de todas as partes do mundo, lançaram o seguinte apelo aos governantes, organizações, grupos e pessoas em vista dos devastadores efeitos à saúde de todas as formas do amianto ou asbesto, um comprovado carcinogênico. Destacando-se iniciativas internacionais para eliminação dos riscos do amianto, participantes concordaram em tomar atitudes urgentes para intensificar estas ações.

1. Banimento:

O banimento da mineração do amianto, seu uso, do comércio e da reciclagem deve ser adotado por todos os países. A remoção segura e a disposição final do amianto devem ser conduzidas de acordo com regras e procedimentos estabelecidos.

2. Proteção dos trabalhadores e da população em geral:

Os trabalhadores e a população em geral, que estiveram expostos aos produtos contendo amianto, devem ser protegidos através de procedimentos adequados de gestão de risco desenvolvidos com a participação ativa dessas pessoas. A recuperação de áreas ambientalmente degradadas deve ser uma prioridade.

3. Alternativas:

Produtos e tecnologias alternativas para substituir o amianto devem ser empregados, observando atentamente as características de menor nocividade e a factibilidade do uso de tais alternativas.

4. Troca de informações:

Materiais contendo informações em linguagem facilmente aplicável devem ser desenvolvidos e disseminados em colaboração com agências internacionais, organizações afins e grupos interessados.

Campanhas de conscientização devem ser empreendidas contínua e sistematicamente.

5. Transição justa e segura e a prevenção da transferência para países em desenvolvimento:

Todos os esforços devem ser adotados para garantir uma transição segura e a proteção social para os trabalhadores e comunidades afetadas pelo banimento do amianto. Qualquer transferência da produção de amianto, produtos que o contenham e de resíduos para países em desenvolvimento devem ser impedidos por esforços conjuntos.

6. Indenização e tratamento:

Vítimas do amianto e suas famílias devem receber imediato tratamento médico e indenização justa. O empoderamento das vítimas e de suas famílias na participação de campanhas locais e na ação direta deve ser considerado como "de alta prioridade".

7. Cooperação:

Cooperação internacional é essencial! Participação ativa das vítimas, trabalhadores, da população, formadores de opinião e formuladores de políticas, acadêmicos, advogados, sindicatos, advogados, organizações populares, agências relevantes e grupos interessados é fundamental. Experiências positivas dessa cooperação devem ser trocadas através das redes já existentes e de novas iniciativas.

Monitoramento contínuo e global dos desenvolvimentos em todas as categorias acima é vital para a sustentação internacional da ação em direção a um ambiente livre de amianto para os seres humanos. Nós podemos, devemos e FAREMOS a mudança trabalhando juntos em prol do futuro.

Anexo II: Regulamento da Previdência Social

Alterado pelo Decreto n. 6.042 de 12 de fevereiro de 2007 (DOU 12.2.2007)

AGENTES PATOGÊNICOS	TRABALHOS QUE CONTÊM O RISCO
QUÍMICOS	
I – ARSÊNIO E SEUS COMPOSTOS ARSENICAIS	1. metalurgia de minérios arsenicais e indústria eletrônica;
	2. extração do arsênio e preparação de seus compostos;
	3. fabricação, preparação e emprego de tintas, lacas (gás arsina), inseticidas, parasiticidas e raticidas;
	4. processos industriais em que haja desprendimento de hidrogênio arseniado;
	5. preparação e conservação de peles e plumas (empalhamento de animais) e conservação da madeira;
	6. agentes na produção de vidro, ligas de chumbo, medicamentos e semicondutores.
II – ASBESTO OU AMIANTO	1. extração de rochas amiantíferas, furação, corte, desmonte, trituração, peneiramento e manipulação;
	2. despejos do material proveniente da extração, trituração;
	3. mistura, cardagem, fiação e tecelagem de amianto;
	4. fabricação de guarnições para freios, materiais isolantes e produtos de fibrocimento;
	5. qualquer colocação ou demolição de produtos de amianto que produza partículas atmosféricas de amianto.
III – BENZENO OU SEUS HOMÓLOGOS TÓXICOS	Fabricação e emprego do benzeno, seus homólogos ou seus derivados aminados e nitrosos:
	1. instalações petroquímicas onde se produzir benzeno;
	2. indústria química ou de laboratório;
	3. produção de cola sintética;
	4. usuários de cola sintética na fabricação de calçados, artigos de couro ou borracha e móveis;
	5. produção de tintas;
	6. impressores (especialmente na fotogravura);
	7. pintura a pistola;
	8. soldagem.

IV – BERÍLIO E SEUS COMPOSTOS TÓXICOS	1. extração, trituração e tratamento de berílio; 2. fabricação e fundição de ligas e compostos; 3. utilização na indústria aeroespacial e manufatura de instrumentos de precisão e ordenadores; ferramentas cortantes que não produzam faíscas para a indústria petrolífera; 4. fabricação de tubos fluorescentes, de ampolas de raios X, de eletrodos de aspiradores, catodos de queimadores e moderadores de reatores nucleares; 5. fabricação de cadinhos, vidros especiais e de porcelana para isolantes térmicos.
V – BROMO	Fabricação e emprego do bromo e do ácido brômico.
VI – CÁDMIO OU SEUS COMPOSTOS	1. extração, tratamento, preparação e fundição de ligas metálicas; 2. fabricação de compostos de cádmio para soldagem; 3. soldagem; 4. utilização em revestimentos metálicos (galvanização), como pigmentos e estabilizadores em plásticos, nos acumuladores de níquel-cádmio e soldagem de prata.
VII – CARBONETOS METÁLICOS DE TUNGSTÊNIO SINTERIZADOS	Produção de carbonetos sinterizados (mistura, pulverização, modelado, aquecimento em forno, ajuste, pulverização de precisão), na fabricação de ferramentas e de componentes para máquinas e no afiamento das ferramentas. Trabalhadores situados nas proximidades e dentro da mesma oficina.

VIII – CHUMBO OU SEUS COMPOSTOS TÓXICOS	1. extração de minérios, metalurgia e refinação do chumbo; 2. fabricação de acumuladores e baterias (placas); 3. fabricação e emprego de chumbotetraetila e chumbotetrametila; 4. fabricação e aplicação de tintas, esmaltes e vernizes à base de compostos de chumbo; 5. fundição e laminação de chumbo, de bronze etc; 6. fabricação ou manipulação de ligas e compostos de chumbo; 7. fabricação de objetos e artefatos de chumbo, inclusive munições; 8. vulcanização da borracha pelo litargírio ou outros compostos de chumbo; 9. soldagem; 10. indústria de impressão; 11. fabricação de vidro, cristal e esmalte vitrificado; 12. sucata, ferro-velho; 13. fabricação de pérolas artificiais; 14. olaria; 15. fabricação de fósforos.
IX – CLORO	Fabricação e emprego de cloro e ácido clorídrico.
X – CROMO OU SEUS COMPOSTOS TÓXICOS	1. fabricação de ácido crômico, de cromatos e bicromatos e ligas de ferrocromo; 2. cromagem eletrolítica de metais (galvanoplastia); 3. curtição e outros trabalhos com o couro; 4. pintura a pistola com pigmentos de compostos de cromo, polimento de móveis; 5. manipulação de ácido crômico, de cromatos e bicromatos; 6. soldagem de aço inoxidável; 7. fabricação de cimento e trabalhos da construção civil; 8. impressão e técnica fotográfica.

XI – FLÚOR OU SEUS COMPOSTOS TÓXICOS	1. fabricação e emprego de flúor e de ácido fluorídrico; 2. siderurgia (como fundentes); 3. fabricação de ladrilhos, telhas, cerâmica, cimento, vidro, esmalte, fibra de vidro, fertilizantes fosfatados; 4. produção de gasolina (como catalisador alquilante); 5. soldagem elétrica; 6. galvanoplastia; 7. calefação de superfícies; 8. sistema de combustível para foguetes.
XII – FÓSFORO OU SEUS COMPOSTOS TÓXICOS	1. extração e preparação do fósforo branco e de seus compostos; 2. fabricação e aplicação de produtos fosforados e organofosforados (sínteses orgânicas, fertilizantes, praguicidas); 3. fabricação de projéteis incendiários, explosivos e gases asfixiantes à base de fósforo branco; 4. fabricação de ligas de bronze; 5. borrifadores, trabalhadores agrícolas e responsáveis pelo armazenamento, transporte e distribuição dos praguicidas organofosforados.

XIII – HIDROCARBONETOS ALIFÁTICOS OU AROMÁTICOS (seus derivados halogenados tóxicos)	
— Cloreto de metila	Síntese química (metilação), refrigerante, agente especial para extrações.
— Cloreto de metileno	Solvente (azeites, graxas, ceras, acetato de celulose), desengordurante, removedor de pinturas.
— Clorofórmio	Solvente (lacas), agente de extração.
— Tetracloreto de carbono	Síntese química, extintores de incêndio.
— Cloreto de etila	Síntese química, anestésico local (refrigeração).
1.1. Dicloroetano	Síntese química, solvente (resinas, borracha, asfalto, pinturas), desengraxante.
1.1.1. Tricloroetano	Agente desengraxante para limpeza de metais e limpeza a seco.
1.1.2. Tricloroetano	Solvente.
— Tetracloroetano	Solvente.
— Tricloroetileno	Desengraxante, agente de limpeza a seco e de extração, sínteses químicas.
— Tetracloroetileno	Desengraxante, agente de limpeza a seco e de extração, sínteses químicas.
— Cloreto de vinila	Intermediário na fabricação de cloreto de polivinila.
— Brometo de metila	Inseticida em fumigação (cereais), sínteses químicas.
— Brometo de etila	Sínteses químicas, agente especial de extração.
1.2. Dibromoetano	Inseticida em fumigação (solos), extintor de incêndios, solvente (celulóide, graxas, azeite, ceras).
— Clorobenzeno	Sínteses químicas, solvente.
— Diclorobenzeno	Sínteses químicas, solvente.
XIV – IODO	Fabricação e emprego do iodo.
XV – MANGANÊS E SEUS COMPOSTOS TÓXICOS	1. extração, tratamento e trituração de pirolusita (dióxido de manganês);
	2. fabricação de ligas e compostos do manganês;
	3. siderurgia;
	4. fabricação de pilhas secas e acumuladores;
	5. preparação de permanganato de potássio e fabricação de corantes;
	6. fabricação de vidros especiais e cerâmica;
	7. soldagem com eletrodos contendo manganês;
	8. fabricação de tintas e fertilizantes;
	9. curtimento de couro.

XVI – MERCÚRIO E SEUS COMPOSTOS TÓXICOS	1. extração e fabricação do mineral de mercúrio e de seus compostos; 2. fabricação de espoletas com fulminato de mercúrio; 3. fabricação de tintas; 4. fabricação de solda; 5. fabricação de aparelhos: barômetros, manômetros, termômetros, interruptores, lâmpadas, válvulas eletrônicas, ampolas de raio X, retificadores; 6. amalgamação de zinco para fabricação de eletrodos, pilhas e acumuladores; 7. douração e estanhagem de espelhos; 8. empalhamento de animais com sais de mercúrio; 9. recuperação de mercúrio por destilação de resíduos industriais; 10. tratamento a quente de amálgamas de ouro e prata para recuperação desses metais; 11. secretagem de pelos, crinas e plumas, e feltragem à base de compostos de mercúrio; 12. fungicida no tratamento de sementes e brilhos vegetais e na proteção da madeira.
XVII – SUBSTÂNCIAS ASFIXIANTES 1. Monóxido de carbono	Produção e distribuição de gás obtido de combustíveis sólidos (gaseificação do carvão); mecânica de motores, principalmente movidos a gasolina, em recintos semifechados; soldagem acetilênica e a arco; caldeiras, indústria química; siderurgia, fundição, mineração de subsolo; uso de explosivos; controle de incêndios; controle de tráfego; construção de túneis; cervejarias.
2. Cianeto de hidrogênio ou seus derivados tóxicos	Operações de fumigação de inseticidas, síntese de produtos químicos orgânicos; eletrogalvanoplastia; extração de ouro e prata; produção de aço e de plásticos (especialmente o acrilonitrilo-estireno); siderurgia (fornos de coque).
3. Sulfeto de hidrogênio (Ácido sulfídrico)	Estações de tratamento de águas residuais; mineração; metalurgia; trabalhos em silos; processamento de açúcar da beterraba; curtumes e matadouros; produção de viscose e celofane; indústria química (produção de ácido sulfúrico, sais de bário); construção de túneis; perfuração de poços petrolíferos e gás; carbonização do carvão a baixa temperatura; litografia e fotogravura.

XVIII – SÍLICA LIVRE (Óxido de silício — Si O_2)	1. extração de minérios (trabalhos no subsolo e a céu aberto); 2. decapagem, limpeza de metais, foscamento de vidros com jatos de areia, e outras atividades em que se usa areia como abrasivo; 3. fabricação de material refratário para fornos, chaminés e cadinhos, recuperação de resíduos; 4. fabricação de mós, rebolos, saponáceos, pós e pastas para polimento de metais; 5. moagem e manipulação de sílica na indústria de vidros e porcelanas; 6. trabalho em pedreiras; 7. trabalho em construção de túneis; 8. desbastes e polimento de pedras.
XIX – SULFETO DE CARBONO OU DISSULFETO DE CARBONO	1. fabricação de sulfeto de carbono; 2. indústria da viscose, raiom (seda artificial); 3. fabricação e emprego de solventes, inseticidas, parasiticidas e herbicidas; 4. fabricação de vernizes, resinas, sais de amoníaco, tetracloreto de carbono, têxteis, tubos eletrônicos a vácuo, gorduras; 5. limpeza a seco; galvanização; fumigação de grãos; 6. processamento de azeite, enxofre, bromo, cera, graxas e iodo.
XX – ALCATRÃO, BREU, BETUME, HULHA MINERAL, PARAFINA E PRODUTOS OU RESÍDUOS DESSAS SUBSTÂNCIAS, CAUSADORES DE EPITELIOMAS PRIMITIVOS DA PELE	Processos e operações industriais ou não, em que sejam utilizados alcatrão, breu, betume, hulha mineral, parafina e produtos ou resíduos dessas substâncias.
FÍSICOS	
XXI – RUÍDO E AFECÇÃO AUDITIVA	Mineração, construção de túneis, exploração de pedreiras (detonação, perfuração); engenharia pesada (fundição de ferro, prensa de forja); trabalho com máquinas que funcionam com potentes motores a combustão; utilização de máquinas têxteis; testes de reatores de aviões.
XXII – VIBRAÇÕES (Afecções dos músculos, tendões, ossos, articulações, vasos sanguíneos periféricos ou dos nervos periféricos)	Indústria metalúrgica, construção naval e automobilística; mineração; agricultura (motosserras); instrumentos pneumáticos; ferramentas vibratórias, elétricas e manuais; condução de caminhões e ônibus.

XXIII – AR COMPRIMIDO	1. trabalhos em caixões ou câmaras pneumáticas e em tubulões pneumáticos;
	2. operações com uso de escafandro;
	3. operações de mergulho;
	4. trabalho com ar comprimido em túneis pressurizados.
XXIV – RADIAÇÕES IONIZANTES	1. extração de minerais radioativos (tratamento, purificação, isolamento e preparo para distribuição), como o urânio;
	2. operação com reatores nucleares ou com fontes de nêutrons ou de outras radiações corpusculares;
	3. trabalhos executados com exposições a raios X, rádio e substâncias radioativas para fins industriais, terapêuticos e diagnósticos;
	4. fabricação e manipulação de produtos químicos e farmacêuticos radioativos (urânio, radônio, mesotório, tório X, césio 137 e outros);
	5. fabricação e aplicação de produtos luminescentes radíferos;
	6. pesquisas e estudos dos raios X e substâncias radioativas em laboratórios.

BIOLÓGICOS	
XXV – MICRO-ORGANISMOS E PARASITAS INFECCIOSOS VIVOS E SEUS PRODUTOS TÓXICOS	
1. *Mycobacterium*; vírus hospedados por artrópodes; coccicliodes; fungos; histoplasma; leptospira; ricketsia; bacilo (carbúnculo, tétano); ancilóstomo; tripanossoma; pasteurella.	Agricultura; pecuária; silvicultura; caça (inclusive a caça com armadilhas); veterinária; curtume.
2. Ancilóstomo; histoplasma; coccicliodes; leptospira; bacilo; sepse.	Construção; escavação de terra; esgoto; canal de irrigação; mineração.
3. *Mycobacterium*; *brucellas*; estreptococo (erisipela); fungo; ricketsia; *pasteurella*.	Manipulação e embalagem de carne e pescado.
4. Fungos; bactérias; mixovírus (doença de Newcastle).	Manipulação de aves confinadas e pássaros.
5. Bacilo (carbúnculo) e pasteurella.	Trabalho com pelo, pele ou lã.
6. Bactérias; *mycobacteria*; *brucella*; fungos; leptospira; vírus; mixovírus; ricketsia; *pasteurella*.	Veterinária.
7. *Mycobacteria*, vírus; outros organismos responsáveis por doenças transmissíveis.	Hospital; laboratórios e outros ambientes envolvidos no tratamento de doenças transmissíveis.
8. Fungos (micose cutânea).	Trabalhos em condições de temperatura elevada e umidade (cozinhas; ginásios; piscinas etc.).
POEIRAS ORGÂNICAS	
XXVI – ALGODÃO, LINHO, CÂNHAMO, SISAL	Trabalhadores nas diversas operações com poeiras provenientes desses produtos.
XXVII – AGENTES FÍSICOS, QUÍMICOS OU BIOLÓGICOS, QUE AFETAM A PELE, NÃO CONSIDERADOS EM OUTRAS RUBRICAS	Trabalhadores mais expostos: agrícolas; da construção civil em geral; da indústria química; de eletrogalvanoplastia; de tinturaria; da indústria de plásticos reforçados com fibra de vidro; da pintura; dos serviços de engenharia (óleo de corte ou lubrificante); dos serviços de saúde (medicamentos, anestésicos locais, desinfetantes); do tratamento de gado; dos açougues.

ANEXO III

Edição 152 — 16.4.2001

DENÚNCIA

A maldição do amianto

Condenados pela fibra cancerígena, centenas de ex-trabalhadores da Eternit e da Brasilit lutam por indenizações na Justiça

Eliane Brum (texto) e Raphael Falavigna (fotos)

Sebastião Alves da Silva, de 64 anos, exibe na penteadeira do quarto uma fotografia em que aparece dançando com a esposa, Irene. Gosta de mostrar o retrato às visitas. É a prova do tempo em que respirar era um ato normal para o ex-operário da Brasilit. Sebastião não pode mais dançar. Caminha com dificuldade, mesmo por poucos metros. Tosse a cada passo. Perdeu uma fatia do pulmão esquerdo, retirada com um tumor cancerígeno há dois anos. Faz exames a cada três meses para rastrear uma possível metástase. Tem asbestose, doença que vai endurecendo o pulmão até transformá-lo em pedra. Mal lento, progressivo, incurável. Padeceu de tuberculose, teve quatro pneumonias. Sebastião é uma das centenas de brasileiros vítimas do amianto. Luta na Justiça, ao lado de 300 trabalhadores que movem ações contra a Brasilit e a Eternit — ligadas à francesa Saint-Gobain, gigante que domina mais de 50% do mercado brasileiro da fibra maligna.

A guerra do exército dos vencidos pelo amianto foi viabilizada pela incorporação de uma paulista de Ribeirão Preto decidida a desempenhar corretamente suas funções. Aos 43 anos, Fernanda Giannasi, auditora fiscal do Ministério do Trabalho, tornou-se o símbolo da luta pelo banimento do mineral cancerígeno no Brasil. Ao debruçar-se sobre os efeitos da fibra no exercício da profissão, Fernanda descobriu Sebastião.

Fernanda deparou também com Severino, Antônio, João Batista e centenas de outros operários acuados pela falta de ar e pelo medo. Poderia ter passado ao largo do drama, mas decidiu enfrentá-lo. O preço que paga por desafiar interesses econômicos portentosos é alto: ameaças de morte, perseguições fora e dentro do trabalho, interrogatórios por arapongas a serviço da Agência Brasileira de Inteligência (Abin). Recorre a antidepressivos, prepara-se para extirpar o terceiro tumor, entrou precocemente na menopausa. Mais respeitada no Exterior que no Brasil, é vista nos Estados Unidos e na Europa como uma versão tropical de Erin Brockovich, personagem que valeu a Julia Roberts o Oscar de melhor atriz de 2000. Em 1993, Erin, uma funcionária curiosa de um obscuro escritório de advocacia, topou o duelo com a Pacific Gas and Electric e ganhou a maior ação direta numa corte americana. A luta de Fernanda e das vítimas do amianto ainda está sendo travada. E longe do fim.

O amianto — ou asbesto — foi um dos minerais mais utilizados pela indústria durante o século passado. Está em caixas-d'água, lonas e pastilhas de freio dos carros, telhas e pisos, tintas e tecidos antichamas. Tão resistente quanto o aço, é imune ao fogo. A Brasilit e a Eternit foram as duas principais fábricas que desembarcaram no Brasil no final dos anos 30. Empregavam famílias inteiras em Osasco e São Caetano do Sul, na Grande São Paulo. A corrente que um dia foi motivo de júbilo tece hoje uma trama de sofrimento e morte.

O mineral cancerígeno foi banido de 21 países, entre os quais a França e a Itália. No Brasil, quarto produtor mundial, está proibido em cinco cidades paulistas — Mogi-Mirim, São Caetano do Sul, Osasco, São Paulo e Bauru — e em Mato Grosso do Sul. O ministro do Meio Ambiente, José Sarney Filho, anunciou que até 2003 a fibra seria proibida em todo o território nacional. Na semana passada, achou mais confortável transferir a decisão para o Congresso. Os interesses em jogo movem tanto empresários do setor quanto o tucano Marconi Perillo, governador de Goiás, que abriga a única mina de amianto da América Latina. Outro forte adversário do banimento é Carl Sweet, diretor-presidente da Sano, indústria que produz telhas e caixas-d'água no Rio de Janeiro. "O uso do amianto deve ser controlado, e não banido", diz. "Em nossa empresa, trabalhamos com risco zero."

Quando o Brasil se decidir a trocar o material por fibras sintéticas, terá de planejar a substituição do amianto existente em 70% das casas. O pó que se desprende dos equipamentos pode, se inalado, alojar-se no organismo e disseminar doenças. Ao contrário do que os representantes da indústria têm repetido, o efeito cancerígeno do amianto foi diagnosticado há quase um século, em 1906, pelo médico francês Armand Auribault. Os males causados pela fibra podem levar de 15 a 50 anos para se manifestar. "Ainda que o amianto seja banido do Brasil, o pior está por vir", afirma Eduardo Algranti, pneumologista da Fundacentro, órgão do Ministério do Trabalho. "A medicina vai ter muito trabalho nas próximas décadas." Mesmo na indústria, há poucas dúvidas de que o material cancerígeno venha a ser extirpado do país. A presidente da Associação Brasileira do Amianto, Maria Cecília de Mello, considera irreversível a substituição do mineral. "Discutir se o amianto faz ou não mal à saúde é uma questão ultrapassada", diz. "Se o mundo inteiro deixar de consumir a fibra, não teremos a quem vendê-la."

Para operários como Sebastião, a batalha tem por objetivo garantir-lhes um fim de vida digno enquanto tentam adiar o desfecho. Ele trabalhou 29 anos com o produto na antiga fábrica da Brasilit, em São Caetano do Sul, no ABC Paulista. Entrou lá com 16 anos, deixou-a ao aposentar-se. Em troca da saúde, a empresa lhe propôs R$ 15 mil e um plano de assistência médica. Sebastião recusou-os. "Trabalhava das 6 às 18 horas, de domingo a domingo, e batia no peito de orgulho por ser empregado da Brasilit", conta. "Nunca me falaram que o amianto fazia mal. Uma manhã vieram aqui e me ofereceram essa indenização humilhante." Vive da aposentadoria de R$ 350,00 e teme tombar antes de assistir ao fim da guerra. Como a maioria dos companheiros, Sebastião não sabe quando, mas sabe como vai morrer: amarrado a um tubo de oxigênio, sem ar. "Só quero morrer nesta casa, que é todo o patrimônio que tenho", diz. O lar de Sebastião é revestido de amianto. Da mesma fibra é feito o assentamento da rua em que vive, um presente da fábrica que recebeu com gratidão. De amianto é a casa e o que restou do pulmão do operário.

Em 1983, Sebastião vivia o primeiro ano de aposentadoria. Depois de trabalhar por três décadas entre nuvens de asbesto, encerrara a jornada satisfeito por ter alcançado o ápice da carreira de operário: encarregado de seção. Recém-formada, a engenheira Fernanda Giannasi estava desiludida em outra ponta de São Paulo. Havia cursado o Instituto Politécnico de Ribeirão Preto para pesquisar novos materiais, mas não conseguia emprego.

Sem saída, inscreveu-se no concurso para o ministério. Foi aprovada. No primeiro dia, assustou-se com o cenário sonolento do local de trabalho. "Não vou tomar posse", informou ao pai, que a acompanhava, preparando-se para dar meia-volta. Foi convencida a, pelo menos, tentar. O Brasil vivia a transição para a democracia e os novos fiscais estavam imbuídos da ideia de romper com a tradição do regime militar que colocava os funcionários do ministério a serviço das indústrias – e contra os sindicatos. Decidiram criar grupos para investigar as doenças do trabalhador. O empenho com que Fernanda se concentrou nos efeitos do amianto resultou num convite para o encontro internacional sobre as consequências nocivas da fibra realizado na Itália, em 1993. Ali, os participantes constataram que enfrentavam os mesmos gigantes do mercado mundial. No ano seguinte, 1994, foi organizado um seminário internacional em São Paulo. Formava-se a Rede Virtual Cidadã pelo Banimento do Amianto. Anunciava-se, para Fernanda e os operários, uma luta desigual.

Produção Gráfica e Editoração Eletrônica: Peter Fritz Strotbek
Projeto de Capa: Fabio Giglio
Impressão: Cometa Gráfica e Editora

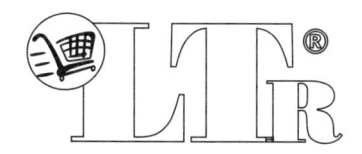

LOJA VIRTUAL
www.ltr.com.br

BIBLIOTECA DIGITAL
www.ltrdigital.com.br

E-BOOKS
www.ltr.com.br